吉川英一

サラリーマンを辞めて月100万円で楽しく過ごす 働かないという生き方

格差社会を生き抜く“カネと人生”のつくり方

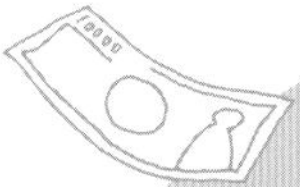

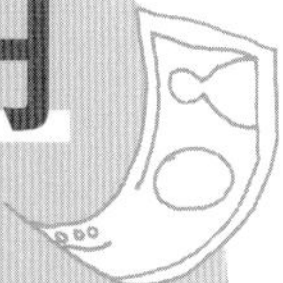

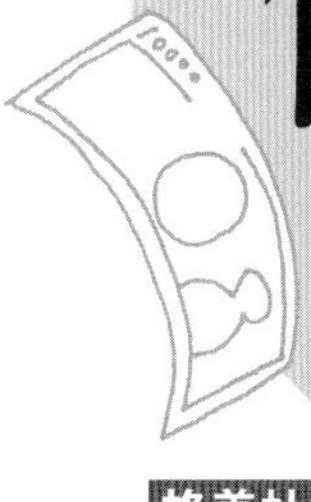

ダイヤモンド社

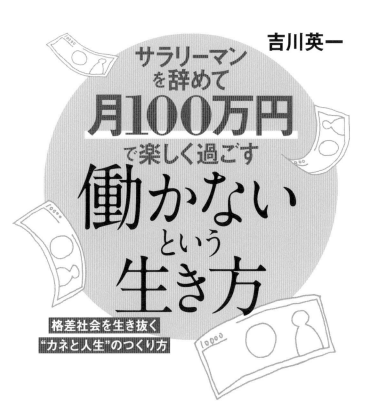

はじめに

突然降って湧いた新型コロナウイルス感染拡大という災難によって、世の中の常識が覆される事態となりました。コロナウイルスは世界中に瞬く間に広がり、2020年10月末時点での感染者数は4560万人を超え、死亡者数も118万人を超える大惨事となりました。

コロナウイルスは私たちの日常生活を一変させてしまいました。通勤電車に乗ることも、学校や幼稚園に行くことも、友人や家族と外食することも含め、人と接触することがすべてリスクを伴うことになりました。企業はできる限り在宅で仕事ができるようにテレワーク環境を大慌てで整えましたが、セキュリティや通信速度などの問題でまだまだ不安な要素や問題点がたくさんあるようです。

工場勤務や、飲食、建設、医療、介護サービスなど、どうしても出勤しなければ職務をこなせない方々は、今後も自分がいつ感染するかわからないという心配をしながら、不安な日々を過ごすことになります。

アフリカや南米などの南半球ではいまだに感染の勢いが止まりませんので、収まったと思われている地域にも、第２波や第３波がいつ襲ってくるとも限りません。残念ながら、私たちはまだ当面の間、コロナウイルスという見えない敵と戦いながら日常生活を送ることになるのです。

このコロナウイルスの怖いところは、志村けんさんや岡江久美子さん、28歳という若さで亡くなられた大相撲の勝武士《しょうぶし》さんのように重症化して、あっという間に死亡するケースが多いことです。とくに私は岡江久美子さんと同じ年齢であるため、人と会うことにかなりの恐怖を覚えるようになってしまいました。

幸いにも、私は14年前に長年勤めていた保険会社を退職し、ずっと自宅で引きこもり生活をしているので、出歩かない限り、ほぼ感染の心配はないと思っています。もし、今もサラリーマン生活を続けていたとしたら、きっと怖くて会社を休んでいるか、退職を願い出ていたと思います。

政府の専門家会議のメンバーの先生方も、感染を防ぐにはとにかく外出を控えて人との接触を極力減らすしかないという見解なので、できることなら会社に行かない、働かないことが感染を防いで命を守る最善の策といえます。

今回、テレワークを経験したサラリーマンやフリーランスの中には、「緊急事態宣言が解除されても、会社や客先に行きたくない！」と思った人が多いと思います。「できることなら働かなくても生活できたらいいのに……」と思った人もいるでしょう。実は、私のまわりにはサラリーマンを早々とリタイアした30代、40代の方が大勢います。みなさん、元は普通に会社勤めをしていましたが、現在はほぼ自宅で引きこもり生活です。

彼らがどうやって若くして**「働かないという生き方」**を手に入れることができたのかといえば、とくに難しいことをしたわけではありません。本を読んだり、セミナーに参加したりしてファイナンシャルリテラシーを高め、貯金をして種銭をつくり、それを元手に銀行融資を受けて、収益不動産をコツコツと買っていっただけです。

国税庁が発表したデータによれば、日本には不動産収入を得ている人が2018年時点で328万人もいます。そのうち不動産所得が主である家主は、全体の48％で158万人もいます。実は、みなさんが気づいていないだけで、働かなくても毎月お金が入ってくる人はけっこういるのです。

今回のコロナをきっかけに、**普通に働くことや会社員であることのリスクと恐怖**に気づいた人は多いと思います。ぜひ私たちのように「働かないという生き方」について真剣に考えてみませんか？

実は、目指せば決して難しいことではありません。本書では、**「働かないという生き方」**を実現するための〝**カネと人生のつくり方**〟についてお伝えします。

サラリーマンを辞めて月100万円で楽しく過ごす
働かないという生き方 [目次]

第1章 世の中の常識が大きく変わった

第2章 稼ぎ力を身につけるにはファイナンシャルリテラシーを磨くこと

第3章 世の中には苦労所得と不労所得がある

第4章 起業家につきものの金持ち倒産、貧乏倒産

第5章 楽して儲けることは決して悪ではない

第6章

働かないという生き方

第7章 働かないという生き方を続けるために守るべき鉄則

第1章

世の中の常識が大きく変わった

変化できるものが生き残る

突然、世界を襲った新型コロナウイルスですが、都市のロックダウンや外出禁止令まで発動される未曾有の大惨事になるとは、誰も予想しなかったことです。実は人類には、過去にペストやスペイン風邪、マラリア、結核などの感染症によって数百万人から数千万人もの死者が出る大惨事を経験してきた歴史があります。当時は感染を正確に検査する技術も確立されていなかったでしょうし、治療方法や治療薬、ワクチンもない状況で医療水準も今より格段に劣っていたと思います。私たちは100年に一度のペースで大規模な疫病や感染症が発生していることをすっかり忘れていました。

進化論で有名なダーウィンがいったとされる言葉に「最も強い者が生き残るのではなく、最も賢い者が生き延びるのでもない。**唯一生き残ることができるのは、変化できる者である**」というものがあります。今まさに私たちは、社会や経済、日常生活を変化させる必要に迫られています。世の中で一番大切なのは、誰が何といおうと、自分の命です。次に大切なのは、愛する人や家族の命ではないでしょうか。それが危険にさらされるような事態だけはなんとしても避けなければなりません。

今回のコロナショックはまだしばらく続くでしょうから、第2波や第3波に備えておく必要があります。とはいえ、ＰＣＲ検査を望んでも簡単に受けられない状況は、精神的にもかなり追い込まれるものです。

たまたま今回のコロナ感染が拡大しているさなかに、妻の職場で4人の感染者が出ました。感染者の方と職場で会話をしているにもかかわらず、妻は濃厚接触者には当たらないと判断され、ＰＣＲ検査も受けさせてもらえませんでした。保健所に直談判して検査を受けさせてほしいと訴えましたが、発熱がなければ必要ないとのことで、やはり断られてしまったのです。

その結果、自主的に2週間仕事を休んで、自宅待機を余儀なくされました。2週間経過して症状が出なかったので職場復帰をしましたが、その間は外出もせず、家の中では1階と2階に分かれて完全に別居生活をしました。たまたま2階にもキッチンとトイレ、洗面所があったため、隔離生活はできましたが、普通でしたら完全に家族と生活を分離するのは難しいのではないでしょうか。

自分が感染するかもしれない、ひょっとしたら年齢的に重症化して死ぬかもしれないと思ったら、のんきに会社になんか行っていられないはずです。そう考えたとき、**生きるた**

めの最善の選択は**「会社に行かないこと」**であり**「働かないという生き方」**なのです。

生活のために、我慢して嫌な仕事をするのはやめよう！

世の中のほとんどの人は、好きでもない仕事を我慢してやっています。サラリーマン時代の私は、毎朝、重い足を引きずって苦痛に耐えながら、26年間もサラリーマン生活を続けました。家族を養うにはそれしか選択肢がないと思い込んでいたからです。でも、今振り返ってみると、ほかの手段を見つけようとしなかっただけで、親や先生や周囲の人たちに完全に洗脳されていたのだと思います。

私が洗脳から目覚めたきっかけは、あまりのハードワークに体が変調をきたし、悲鳴をあげはじめたからです。そこで初めて、早くブラック企業から脱出して、サラリーマンを辞めようと決意しました。

私の周囲の30代、40代ですでに「働かないという生き方」を実現したみなさんも、高卒製造業で三交代勤務をしていた方や、土日や昼夜を問わず奴隷労働を強いられたSEの方など、仕事がきつい方が多いのです。過酷な労働は、逆境から脱出したり環境を変化させるための大きなエネルギーになります。

コロナの影響が長く続いているため、業種によっては赤字決算が続出しています。これが何年も続くようなら、大企業といえども耐えられないと思われます。世の中が大きく変わろうとしているので、**まさに今が自分を変えるチャンス**なのではないでしょうか？　**一刻も早く「働かないという生き方」を目指すべき**だと思います。

人生において、実は嫌いなことをしている時間なんてないんです。サラリーマン時代の私は偽りの人生を何年も生きてきたのだと気づきました。ひたすら会社や上司や、家族や他人のために、やりたくもない仕事を我慢してやっていたのです。

私の周囲の30代、40代で「働かないという生き方」を実現したみなさんは、すべての時間を自分や家族のために使うことができ、毎日、自由な生活を楽しんでいます。平日の昼間から家族で公園を散歩することもできますし、自分の趣味に没頭したり、スポーツや旅行を楽しむこともできます。リタイア後に、「働かないという生き方」を実現した仲間と一緒に、世界一周旅行に出かけた方もいますし、投資家を育成するために「インベスターラウンジ」という仲間が集えるバーを開業した方もいます。

人生において、すべての時間を楽しむために使えるのは何ものにも代えられない喜びです。季節の移ろいを感じながら運河沿いの公園をランニングするのが私の日課ですが、最近は色づく木々に感動しながら、枯葉を踏みしめた際の音にも新鮮な驚きを感じます。今まで忙しすぎてまったく見えていなかった景色や日々の小さな幸せに気づかされています。これというのも、**「お金に困らない人生」**と**「自由な時間」**が簡単に手に入ったからだと感謝しています。

「働かないという生き方」は、自分にはとても無理だと思われるかもしれませんが、地道に頑張れば、**早い人で3年、コツコツ続けていれば5年くらい**で実現できると思います。「働かないという生き方」は意外と手の届くところにあります。

自分の身を守るには働かない生き方しかない！

大手企業を中心にコロナ対策として、事務系職員や営業職などの社員にテレワークをさせるところが増えました。企業としても社内で感染者が発生した場合、濃厚接触者を少なくとも2週間、自宅やホテルで待機させなければなりません。そうなったときのイメージダウンや風評被害、実際の売り上げダウンは相当大きなものになることが予想されます。

製造業ではどうしても生産現場に出勤して機械を動かさないといけないので、人と人の間隔をあけたり、昼休みや食事は交代でとったりして対応しています。さらに食事の際には、食堂の何番のテーブルで誰と座って食事をしたかまで記入しているそうです。こうすることで、万が一、感染者が出た場合に濃厚接触者を特定できるようにしているとのこと。

それでも複数の人が同じ建物や事務所内にいる限り、感染リスクを完全にゼロにすることは不可能ですから、なるべく会議や会話を減らすとともに、職場内で接触の機会を減らすしかありません。

ソーシャルディスタンス（社会的距離）を確保したり、アクリル板や透明な塩ビシートで飛沫の拡散を防いだり、窓を開けて換気回数を増やしたりすることは、もはや日常になってしまいました。とにかくこのウイルスは死の恐怖がつきまとうだけにやっかいです。

実際に私と同年代の方が感染されたケースでは、同居していた家族4人が感染し、ご本人とお父様が同じ時期に亡くなられてしまいました。こんなことがある日突然起こってしまうのがコロナウイルスの恐ろしいところです。

私もこの話を聞いて、自分の年齢で感染したら死ぬかもしれないと思い、買ったまま何も書かず放置していたエンディングノートに慌てて現在の資産内容を書き込みました。

コロナウイルスから自分の身を守りたいと本気で考えるなら、極端な話、会社に行かないことだと思います。自分やお子さんや家族を感染から守るには、今のところ、これが一番効果が期待できる方法です。

２０２０年6月19日に都道府県をまたぐ移動自粛要請が全面解除されたため、大阪から株式トレーダーさんがうちに遊びに来てくれました。県内の億トレーダーさんと3人で久しぶりに再会し、家飲みをしたのですが、その際に大阪のトレーダーさんから「吉川さんのまわりはみんな仕事をしていない人ばかりだから、コロナは全然心配ないじゃないですか～」といわれました。確かに友達や知り合いはほぼ働いていません。そういう意味では、私が15年ほど前に、**毎日が日曜日**になることを目指して「サンデー毎日倶楽部」という会を立ち上げたことが実を結んだわけです。

弱いところに真っ先にしわ寄せがくる

緊急事態宣言が出されてすぐに、ある派遣会社勤務の女性から、私の知り合いの社長さんに電話がかかってきたそうです。内容は「派遣の仕事がなくなったので何かアルバイトはないですか？」というもの。

派遣社員として働くということは、もともと不安定な状況に身を委ねているわけで、世の中の景気が悪くなると途端に仕事がなくなってしまいます。それはわかっているはずなのに、若い女性は毎月の給料が正社員でいるよりも多くもらえて、休みたいときに休みを取りやすいからという理由で派遣社員に流れる傾向があります。

知り合いの社長に電話してきた人も、海外旅行が好きで、ときどき1週間程度の休みを取って一人で海外旅行を楽しむのが趣味だと話していました。彼女は派遣の仕事以外にも週に3日ほどスナックでアルバイトをしています。街中にマンションを借りて一人暮らしをしていますが、車は持っていないので、今までどおり普通の日常が続けば、とくに問題なく生活していけたことでしょう。

降って湧いたようなコロナの悪夢によって、昼の派遣の仕事がなくなると同時に、緊急事態宣言によって夜のスナックのアルバイトもなくなってしまったのです。知り合いの社長さんは、仕方ないので依頼がきていたアパートの掃除と草むしりの仕事を手伝ってもらうことにして、日当を支払ったそうです。

私の保険会社勤務時代も、台風や地震などで甚大な被害が出たときに、素早く対策本部を立ち上げて大手人材派遣会社から大量のスタッフを派遣してもらいました。人海戦術でとにかく早く保険金を支払うことが求められます。事故の受付や問い合わせ対応、保険金の支払い業務などを教え込んで、3カ月から長い場合には半年ぐらい働いてもらいます。みなさん、いろいろな会社で電話応対やデータ入力、事務作業などを経験していますので初めての仕事でもすぐにそつなくこなしてくれます。

人材派遣会社を使ってみた感想は、優秀な人がほとんどのため、いったん仕事を覚えてもらったら、即戦力としてとても重宝するということです。今となっては、派遣社員の方は多くの企業にとって必要不可欠な存在なのは間違いありません。

ただし、派遣という働き方は、リーマンショックのときもそうであったように、景気が悪くなったら調整弁に使われます。常に正社員の雇用を守るために真っ先に切り捨てられる運命にあるので、派遣社員として生涯生きていくのは多少無理があると思います。**いつの時代も、一番弱いところに真っ先にしわ寄せがきます**ので、安定して働きたいなら、今すぐにでも働き方を変えるべきだと思います。

せいぜい3カ月分の食いぶちしかない企業や経営者が大半

コロナウイルス感染拡大によって、経済活動を一時的にストップせざるをえなくなったために、各国政府は緊急対策として前例のない額のお金をばらまくことを決定しました。とくにフリーランスや、飲食業、その他サービス業、小売業は零細事業者が多く、売り上げ減少や休業要請に応じることは、即、死活問題につながります。

現金商売をしている飲食店などは、仮に営業を再開したとしても、客足が戻るのに相当時間がかかると思います。テレビのインタビューを見ていると、売り上げ減少や休業が３カ月以上続くと、手持ち資金も底をつくため、廃業せざるをえないという声が多かったのは驚きです。

フリーランスや飲食業者、零細事業者は、そもそもサラリーマンと違って、何をするにもお金がかかります。事務所やお店の家賃に始まり、水道光熱費や通信費、車両運搬具、ボールペン１本、紙１枚を買うにも、お金が必要です。さらに仕入れや在庫を持たないとできない商売や人を雇わないとできない業種では、人の動きがなくなってしまうと、途端に運転資金が底をついてしまいます。

とくに飲食業は、もともと人手不足に伴って人件費が高騰していたことや、立地のよい場所に出店していることから、家賃などの固定費がかさむ業種です。採算分岐点が上昇していたところに売り上げが落ちれば、ひとたまりもありません……。

新型コロナの影響で直近1カ月の売上高が前年または前々年同期と比較して5％以上減少している場合に、日本政策金融公庫や市中金融機関から当初3年間実質無利子の融資が4000万円を上限で受けられる制度があります。運転資金（借入期間15年以内）や設備資金（借入期間20年以内）として利用できますので、フリーランスや零細事業者にとってはこれで助かったという経営者も多いと思います。

東京商工リサーチは2020年6月9日、新型コロナウイルス関連の上場企業の「資金調達状況」調査の結果を発表しました。それによると、金融機関からの借入融資枠（コミットメントライン）、当座貸越契約の設定、CP（コマーシャルペーパー）、社債の発行による資金調達などを6月8日までに公表した上場企業は171社に上り、総額は9兆6758億円に及ぶといいます。慌てて1社あたり平均572億円もの資金を手当てしているところを見ると、上場企業といえども潤沢な資金を持っているところは少ないようです。

会社は倒産するもの

日本ではいまだに「寄らば大樹の陰」ということで、終身雇用を信じ、大企業に一生を捧げるつもりで入社してくる新入社員が大勢います。でも会社って、お金が回らなくなったら簡単に倒産するものです。

新型コロナウイルスの感染拡大が続いていた２０２０年5月15日、創業１１０年を超えるアパレルメーカーのレナウンが東京地裁から民事再生手続き開始の決定を受けました。過去2期は赤字が続いていましたが、そこにコロナウイルスの影響が追い打ちをかけました。主要販路である百貨店の休業で売り上げが減少し、途端に資金繰りに行き詰まってしまったのです。

レナウンの売上高の6割ほどは百貨店向けのブランドが占めているため、4月の売り上げは前年同月比マイナス81％にまで落ち込みました。これが同社破綻の原因だといわれています。レナウンのように売り上げが急減し、**会社に蓄えがない会社は、コロナの影響で**

突然死する危険が高まっているわけです。

倒産については、私も若い頃に経験しています。市街地再開発事業のコンサルタント会社に勤務していた30歳のときに、会社がつぶれてしまいました。入社して3年目で、富山駅前の再開発を担当していました。ちょうど仕事にも慣れてきて、不動産の権利調整や税務について興味が湧き、仕事が面白くなってきた矢先のことでした。

最初の兆候としては、毎月の給料が半分遅れて翌月に振り込まれることがありました。それが一度ではなく何度か続くようになったのです。要は、会社にお金がなくて、金融機関も貸してくれない状況だったと思います。そのうち賞与も例年の半分しか出なくなりました。

実はこの会社、再開発事業において、すべての権利者が同意し、建物の契約が成立しないと、お金が入ってきません。不動産業者と同じように契約が成立してはじめて成功報酬としてのフィーがもらえます。ですから、全国に手がけている再開発事業はたくさんあったものの、いつも資金繰りに窮していました。

会社にとって血液ともいわれるキャッシュの流れが止まってしまうと、会社は簡単にパタッと倒れてしまいます。今回、コロナの影響でＡＮＡホールディングスが日本政策投資銀行やメガバンクに対して１兆３０００億円の融資枠設定を要請したことや、ＪＡＬが三菱UFJ銀行やみずほ銀行などに対して3000億円規模の融資を要請したことがニュースになりました。人の移動が止まってしまったために、大企業ほど売り上げの急減は深刻だといえます。

就職人気企業ランキングに見る学生の愚かさ

就職最前線ではコロナショックの影響で、学生たちの選ぶ就職希望企業ランキングの傾向も入れ替わるのではないかと思ったのですが、実際にはまったくそんな様子もないようです。もっとも、私がネットで検索した「キャリタス就活2021」というサイトによると、学生にアンケートを実施した期間が2019年11月から2020年3月中旬にかけてということなので、緊急事態宣言が出された2020年4月7日以降だったら違った結果になっていたのかもしれません。

いずれにしても、学生は企業の実態までわかりませんから、そのときどきの**時流や人気に流されて企業を選ぶ傾向にあります。**

2015年12月25日、当時24歳で自殺をした高橋まつりさんが勤務していた電通も、それまでは超人気企業の常連でした。外から見ているだけではやはりわからないもので、SNSがこれだけ普及した現在でも、企業のブラック度合いは実際に中にいる社員じゃないとわからないものです。

2021年卒の就活生が選ぶ人気企業ランキング総合編1位は東京海上日動火災保険、2位は損害保険ジャパン、3位が伊藤忠商事、4位が三井住友海上火災保険、5位が日本航空、6位が全日本空輸、7位がソニー、8位は三菱商事、9位はサントリーグループ、10位がトヨタ自動車となっています。これを見る限り、大手損保3社がトップテンにすべて入る人気ぶりです。

確かに毎年掛け捨ての自動車保険や火災保険の保険料が入ってきて、自然災害などで損害率が上昇すれば、すぐに保険料を値上げしますので、損保会社の収益は安定しています。各社とも創業100年を超える歴史ある大企業であることは間違いありません。

3社とも今後よほどの大災害でも起こらない限り、会社が傾くようなことはないでしょうが、少なくとも私が勤務していた会社はかなりのハードワークでした。残業や休日出勤は当たり前。メンタルを害して休んでいた社員も大勢いましたし、過去には自殺した社員もいます。現在、現役で働いている当時の仲間に聞いても、相変わらず長時間労働は変わらないといいますし、早く逃げたいというのが口癖です。三井住友海上に勤務している知り合いも、メンタルシックネス（心の病）で長らく会社に行けず、休業を余儀なくされていました。**大手損保の給与水準は確かに高いのですが、その分ハードワークと長時間労働は覚悟しておいたほうがいい**と思います。

気になったのは、新型コロナウイルス感染拡大の影響をもろに受けている5位の日本航空と6位の全日本空輸が、昨年同様、ランクインしていることです。ランク外の11位には東日本旅客鉄道、14位には2020年度冬のボーナスなしを決定したJTBグループなども入っており、これらの業種は今後簡単には売り上げが戻らないことが予想されます。知名度こそ高いですが、経営の厳しそうな業種をあえて選ぶのはリスクが高いといわざるをえません。

就活は自ら奴隷志願

大学を卒業すると、誰もが当たり前のように、どこかの企業に就職して働きはじめます。

とくに日本では、学生時代に起業するという習慣がまったく根付いていないので無理もありません。今でこそ学生時代に起業する人が少しずつ出てきましたが、まだまだ少数にすぎません。

日本企業の多くは1990年代初頭のバブル崩壊で、これまでの膿《うみ》を出す大胆なリストラを実施しました。いらない人員と設備を処分して、少ない需要でも利益を出せるような体質に何年もかかって改善を成し遂げたのです。その後も2008年のリーマンショックで需要が減り、一気に生産や売り上げが落ち込みました。その際にもまた大胆なリストラをやって、人や遊休設備、過剰在庫を減らしました。

つまり、**どこの会社も人がいない中、ぎりぎりの人数で業務をこなしている実態**があります。当然、しわ寄せは、残業や休日出勤の常態化という形で社員にのしかかっているのです。

過労自殺や過労死が起こるたびにマスコミに取り上げられますが、これはどこの会社でも起こりうる問題です。企業は忙しいからといって簡単に人を増やすわけにはいきません。いったん正社員として雇ってしまうと、「仕事が減ったので」といった理由で簡単に人員を減らすこともできません。かくして、今どきの企業は余剰人員を抱えていることなんてありませんから、**どんな企業に就職しても、めちゃくちゃホワイト企業だったという**

ことはありえないのです。

こんな状況の中でも、少しでも条件のよい就職先を見つけなければならない学生はかわいそうだと思いますが、まだ自力でお金を稼げないのですから、仕方のないことです。でも決して、時間がゆっくり流れているような暇な企業なんてありませんので、**どこも多少の違いはあれ、ブラック企業だと思ったほうが間違いありません。**

資本主義社会では、就活は自ら奴隷志願することと同じです。極端な話ですが、刑務所で服役するほうが、よほど労働時間は短くて規則正しく健康的な生活ができるはずです。

もし「奴隷労働は嫌だー」と思うなら、就職して働きはじめたその日から、「どうやったら会社から脱出して、自由でお金に縛られない人生を送れるのか」を考えてみてください。きっと資本主義社会の一員として働きはじめたら、そこからなかなか抜け出せませんから、考える時間や悩む時間はたっぷりあると思います。

なぜなら、**ほとんどの労働者は定年を迎えるまで、お金のために奴隷労働を続けざるをえない**のですから……。

会社にしがみつく人生ほどむなしい人生はない！

長い人生において何が起きるかは誰もわかりません、新型コロナウイルスもそうですが、私が保険会社にいた頃にもひどいことが起こりました。それは、子供がまだ小さい頃のことでした。なんと阪神・淡路大震災が起きたのです。

寒い1月の朝、私は会社に行くために6時に起き、テレビを見ながら朝食を食べていました。すると、倒壊した高速道路の橋げたや、つぶれてしまった阪急伊丹駅、町中に火災が広がっていく悲惨な映像が次々に映し出されてきます。あんな悲惨なところには絶対に行きたくないなぁと思っていました。

ところがです……。それから数日後に、私は会社の命令で、神戸に設置された自社の阪神・淡路大震災地震対策本部に派遣されたのです。神戸に入る鉄道が寸断されていたため、途中からはバスと徒歩で神戸市中央区三宮町に入りました。ほとんどの宿泊先で水道やガス、電気が止まっていて、営業しているのはほんの一部のホテルや旅館だけでした。会社が指定した宿泊先はほんの少し傾いたホテルで、いつ余震が来て倒れるかわからない状況です。道路に傾いたビルの下をくぐって、対策本部まで通勤しました。建物被害の調査にタクシーで毎日出かけるのですが、コンビニもほかのお店も営業していません。食べ物といえば、毎日渡されるおにぎり2個とペットボトルのお茶のみ。当時、子供がまだ1歳くらいだったと思いますが、こんな生活を1カ月も強いられました。

サラリーマンは会社に雇われている以上、会社の命令は絶対です。危険な仕事だって、嫌とはいえません。意に沿わない地域への突然の転勤だって、個人の事情が考慮されることはまずないでしょう。自分の上司が無能でパワハラ上司だったとしても、従わざるをえません。社員や従業員として給料をもらって働くというのは、そういうことなのです。

隣の芝生は青く見えるもので、**「転職すれば、こんなひどい目に遭わないですむはずだ」と誰もが考えてしまいますが、実際に転職してみると、どこも似たり寄ったりです。**これまでに5社転職した私がいうのですから間違いありません。

どこの会社に就職したとしても、**社長と従業員**、あるいは**資本家と労働者**という立場は変わりませんので、**会社にしがみつく人生ほどむなしいものはない**と思います。今回のコロナをきっかけに、人生という限られた時間をどう過ごしたいのか、本気で自分自身に問いかけてみてください。きっとなりたい自分と今やるべきことが鮮明になると思います。

群れから外れるのは怖くない

日本の会社は設立当初から、社長も管理職も社員もその家族までもが運命共同体的な考え方にとらわれています。どこの会社でも社員間の親睦を図るために、社員旅行やボウリング大会、運動会をやっていましたし、忘年会や新年会、歓送迎会は今でも節目ごとに盛んに行われています。このような行事にいわば半強制的に参加させることによって、親睦を図って協調性を養い、一致団結して目標に向かうというのが日本的経営の神髄だと思います。

これらの行事への参加を断るのはかなり勇気がいりますし、ヘタをすると上司から理由を聞かれることさえあります。私はサラリーマン時代、中途入社でしたし、どうせ出世も望んでいなかったので、適当に理由をつけて断るようにしていました。いつも断っていると、まわりもあいつはそういうやつだという認識になるので、そのうち身内の飲み会には声をかけられなくなりました。

朝から夜遅くまで拘束され、休日出勤や仕事を持ち帰らないとこなせないほど忙しい会社にいるのなら、**できるだけ社内の付き合いを拒絶して自分の時間をつくる**しかありません。自分は30歳で保険会社に転職したときに、**いつか必ずここから脱走してやるという目標を立てました。**だからこそ、朝４時に起きて宅建士（宅地建物取引士）の資格試験の勉強をしましたし、宅建資格を取ったあとは週１回定時制高校に通って簿記の資格も取得しました。

第２次世界大戦中の捕虜収容所からの脱走計画を描いた『大脱走』という有名な映画を昔見ましたが、24時間監視されている中で、看守の目を盗んで脱走のためのトンネルを着々と掘っていく様子は、**会社にしがみつかない人生を目指すのと似ている**ように思います。

しかし、会社にしがみついて生きている人には、この気持ちはわからないかもしれません。おそらく、あなたが会社で株式投資の話をしたり、不動産投資の話をしたり、マネーリテラシーの高い話をしても、誰もついてこれないでしょう。あいつはお金の話ばかりして「守銭奴だ」といわれるだけです。

私の周囲のリタイアした人たちも、会社でお金の話や投資の話をするのは絶対に禁句だったといっています。もし、社内に気の許せる特別仲がいい友達がいるのなら誘ってもいいと思いますが、そうでなければ会社で株式投資や不動産投資の話をするのはやめたほうがいいでしょう。ましてや、将来、リタイアを目指しているという話は、退職届を出す前も出したあとも、社内の人には封印しておいたほうがいいです。

会社内で群れから外れるのは勇気がいりますが、あなたが会社にしがみつかない人生を送りたいのであれば、決して恐れることはありません。むしろ、会社に縛られたような同僚とは付き合わないほうがいいと思います。

サラリーマンは自分で自分の首を絞めている

サラリーマンといえば、ほぼ全員ダーク系のスーツにネクタイ姿が定番の服装でした。就活中の学生を見ても、女子も含めて一目でわかってしまいます。どうして日本人はこうもお決まりの格好をしたがるのでしょうか?

自分がもし採用担当者でしたら、サッカーの本田圭佑選手のような派手なスーツを着てきた人がいたら真っ先に採用したいです。少なくとも普通の人は、定番の色と違うスーツを着ることで採用担当者に嫌われるかもしれないという考えが頭をよぎって、無難な服装になりがちです。そんな中、あえてリスクテイクして目立つスーツを着ることによって、個性が際立ちます。私だったら「ひょっとしたら根性のあるやつかもしれない」と思います。そして目立っている人物にやたら興味が湧くと思います。

私が保険会社に勤めていたとき、ある後輩が入社してきました。なんと彼は入社式に派手なピンクのスーツを着てきたのです。社内は「あの人は誰？」とかなりざわつきました。でも、その後輩は仕事を覚えるのは早いし、何でもテキパキこなします。反社会的勢力の人が相手でも、まったく物おじせずに示談します。さすが入社式にピンクのスーツを着てきただけのことはあります。採用担当者は見る目があったということです。

自分がサラリーマンを辞めてスーツを着なくなったため、夏物や冬物のスーツはすべて捨ててしまいました。もちろん締めなくなったネクタイもです。今は、冬物１着と夏物１着あれば事足りてしまいます。

今でこそクールビズが浸透しているので、ネクタイを外していても大丈夫ですが、私がサラリーマンをしていた頃は、夏でもみんなネクタイを締めていました。そもそもこれは異常な光景です。真夏に噴き出す汗を拭きながらネクタイをしている姿は、単に我慢比べか罰ゲームにしか見えません。

自分の曽祖父は「**サラリーマンは自分で自分の首を絞めている**」というのが口癖でした。曽祖父は商人《あきんど》といわれる、要は自営業者だったこともあって、ネクタイをした姿は一度も見たことがありません。曽祖父が何を売っていたかというと、山や田んぼや家を売る、今でいうところの不動産業者だったのです。

不動産業者は昔も羽振りがよかったと見えて、いつも街まで酒を飲みに行き、家に帰ってきませんでした。**サラリーマンという殻に閉じこもって、自分のやりたいことや才能を押し殺している方が多い**と思いますが、スーツを捨ててネクタイで首を絞めなくてもよくなった途端、**自由という幸せを満喫**できるようになります。

美人からいわれた「稼げない男はダメでしょ!」

人を好きになるきっかけはいろいろあります。最初は、素敵な異性に出会ったとき、まぶしく輝いて見えて一目ぼれするということはよくあるのではないでしょうか。あるいは、職場など身近にいる人を見ているうちに、優しさに魅かれて好きになってしまうこともあるでしょう。いずれにしても、最初はその人のことをよく知らないうちに、勝手に判断して好印象を抱き、勝手に恋してしまいます。

恋人同士のうちは毎日が楽しくて仕方ありませんが、いざ結婚を考えるとなると、女性にとって気になるのは相手の年収です。結婚すると、女性はどうしても子育ての期間働けなくなりますし、その後、仕事に復帰できるかどうかもわかりません。パートナーである男性の収入だけで生活できるのかということは、当然、気になるところです。

婚活パーティーでは、女性側は必ず初対面でも相手の年収を聞くそうです。結婚前提となると、**生活力が最も大切な要素**になってきます。安定した企業勤務や職業であって、年収がそこそこ高くないと、生活力がないとみなされてしまうのです。

自分が20代の頃、地元の製薬会社に勤務していたことがあります。富山の売薬さん向けの家庭配置薬を専業で製造している工場で3年間働いていました。製薬業というと、年収の高いイメージがありますが、病院向けの大手製薬会社とは雲泥の差で、大手製薬会社に比べると3分の1程度の年収でした。残業をたくさんした月でも、手取りはせいぜい15万~16万円程度ですから、年収ベースではせいぜい２４０万円くらいだったと思います。自分でもこんな給料でみんなよく生活していけるなぁと思っていたくらいです。

この頃、私にはお付き合いしている女性がいました。医療系の国家資格を持つ病院勤務の女性で、もちろん自分より給料はかなり上です。これだけでも常に劣等感を抱いてしまいます。大学は出たものの、新卒で入社した会社を１カ月で辞め、その後は低賃金の工場労働者である私には、やはり不釣り合いに見えてしまいます。

女性が結婚を決断する際に、まず求めるのは生活力です。お金がないと生きていけませんし、お金が原因のけんかも増えて、それに耐えられなくなります。妻側から見た離婚の原因の1位は性格の不一致ですが、2位もしくは3位は夫が生活費を渡さないことだそうです。

当時、初めて結婚したいと思った相手でしたが、飲みに行ったとき、「稼げない男はダメでしょ！」といわれ、その後は去って行きました。自分でもそのとおりだと思ったしだいです。

一生ものの稼ぎ力を身につけるためにやるべきこと

漫然と「お金持ちになりたい！」「不自由しないほど稼げるようになりたい！」と思っている方は多いと思います。考えなければならないのは、それをどうやって実現するかということです。

ただ単にコツコツと貯金をして億万長者になったという人を少なくとも私は見たことがありません。**株式投資や不動産投資で億トレーダーや億を超える資産を築いた人は私のまわりに大勢います。**むしろ、日頃ランチをしたり飲みに行ったり、ランニングやゴルフ、スキーに行くメンバーはそんな方ばかりです。

私がこんなにもお金に執着しはじめたきっかけは、大学2年の頃でした。なぜ大学生がそんなにお金に取りつかれたのかというと、人生のどん底を味わう貧乏を経験したからです。

大学2年までは、正直、お金の心配などしたこともありませんでした。ところが、大学2年のとき、父がやっていた工務店がオイルショックの影響で倒産してしまいました。しかも借金3000万円を残して、父は突然いなくなってしまいました……。つまり私と家族はある日いきなり、父に捨てられてしまったのです。

それからというもの、金融機関や街金融との窓口は20歳になったばかりの私が務めることになりました。当時、融資の際に担保になっていた田んぼと畑、自宅や作業所をすべて任意売買で処分し、家も他人の手に渡りました。大学を辞めようかと悩みましたが、ほぼ2年次で卒業認定単位は取れそうだったので、3年、4年は学校に行かず、地元で大工さんのアルバイトをする生活をしました。

社会人になってからは、とにかく早くお金を増やすにはどうしたらいいかばかりを考えていました。そんなとき書店で立ち読みしたのが当時「金儲けの神様」と呼ばれていた邱永漢さんの本です。とても読みやすくて、ほとんど本を読まなかった私でもすらすら読めました。その後、私は邱永漢さんの本ばかりを読み漁《あさ》りました。

そして邱永漢さんの教えに従って、株と不動産でお金持ちを目指そうと決めました。当時から邱永漢さんの本には、**サラリーマンの副業は株と不動産しかない**と書かれていたのです。

25歳で株式投資を始めて、それから株にのめり込んだおかげで、当初はたくさんの授業料を払いましたが、その後は低位株の待ち伏せ投資で稼げるようになりました。不動産についても20代で裁判所の競売コーナーに足しげく通い、基礎的な知識が身についていきました。のちに宅地建物取引士試験に合格できたのも、このときの経験が生きました。

こうした投資の知識やスキルが備わることは、「**一生ものの稼ぎ力**」を身につけたも同然だと思っています。

第2章

稼ぎ力を身につけるにはファイナンシャルリテラシーを磨くこと

日本人が不幸に感じるのは学校でお金の教育をしないから

日本人的な感覚からすると、どこの親も「子供にはできるだけお金に触れさせない」「お金の話はしない」「家の中のお金の置いてある場所を教えない」という考えで子供に接していることが多いと思います。

少なくとも私の家はそうでした。学校で集金があってお金を持っていくときも、真っ先に先生に渡すように口酸っぱく親からいわれたのを覚えています。おそらく、お金がなくなったら大変とか、誰かに盗られたら大変という感覚がやたらと強かったのだと思います。

ですから、自由に使っていいお小遣いをもらえるようになったのは、小学校6年生の頃からでした。毎月500円をもらったときは、すごくうれしかったのを覚えています。

そもそも私たちの生活には、お金は絶対に欠かせないものになっています。小学生だってコンビニでアイスを買おうと思ったら、絶対にお金が必要です。小学校低学年ともなれば、自分の親がどんな仕事をしていて、誰からお金をもらっているかや、どうやって稼いでいるかはなんとなくわかるようになります。

そして、自分の家が友達の家と比べて裕福なのか貧乏なのかもわかるようになります。友達の家に行くたびに、立派な家に気づいたり、ピカピカの車がガレージに並んでいたり、出てくるおやつが豪華だったり、友達の持っているおもちゃやゲームがすごかったりすれば、貧富の差にすぐに気づいてしまいます。

小学校低学年レベルで資本主義社会の仕組みについて、なんとなく気づきはじめますが、**日本では小中学生はもちろん、高校生になってもお金の教育や資本主義経済について学ぶ機会は与えられていません。**少なくとも自分たちの時代や、自分の子供たちの時代にはそうでした。明治以来の富国強兵、殖産興業を目的にした「**物言わぬ良質な労働者量産教育**」が現在も脈々と教育現場で続けられています。

国をどうつくり上げていくかということは、次世代を担う子供たちにどういう教育を施すかにかかっています。まったくお金に関する教育を受けることもなく、親から教わることもなく、大学時代を遊びほうけて過ごし、社会人として巣立っていく人がいまだにほとんどだろうと思います。お金の知識もないまま、いきなりクレジットカードだけ持たされた若者が、買い物をした途端、リボ払いにはまってしまうことがよくありますが、こんなのは悲しすぎます。せめて学校で最低限のお金の教育を受けていれば、こんなことにはならないと思うのですが……。

お金は汚いものという日本人的発想

時代劇を見ていると、お決まりのパターンとして、悪徳商人「越後屋」がお殿様やお代官様に小判を包んで便宜を図ってもらったり、利権を独占したりして、私腹を肥やすシーンがあります。現代にあっても、河井克行法相と河井案里参議院議員が選挙の際に票の取りまとめを依頼する目的で、広島県内の選挙区の市町村長や議員に多額の現金をばらまきました。中には、菓子折りの下に多額の現金が隠されていたケースもあったとのことで、まさに時代劇のようなことが今でも行われていました。

われわれ日本人はお金が絡むと、何か悪いことに巻き込まれているのではないかと思ったり、極端なケースでは犯罪を思い浮かべたりします。それほど**お金に対するイメージはダーティー**です。ましてやタダでもらえるお金ほど怖いものはありません。

代々続く洗脳教育によって、お金は額に汗して稼ぐものだという発想が国民全体に染みついています。ですから。小さい頃によく聞いた「働かざる者食うべからず！」という言葉は、日本人であればごく当たり前のことになっています。

日本がかつて経験してきた高度成長期には、働けば働いただけお金がもらえました。真面目に職について、毎日仕事にさえ行けば、幸せな生活が送れました。毎年、売り上げも伸びて、そこに勤めている社員の給料もボーナスも増え、がんばれば役職も上がり、さらに手当も増えたのです。働きさえすれば稼げるわけですから、当然、働かないやつは非国民だという意識が私たちには染みついています。

では、額に汗して稼ぐお金は価値のある貴いお金であって、株屋と呼ばれる証券会社のファンドマネージャーが運用で稼いだお金は汚いお金なのでしょうか？　クレジット会社やノンバンクが金利の低い銀行から資金を調達して、銀行より高い金利で貸して利益を得ているのは汚いお金なのでしょうか？

私は額に汗して稼ぐお金も、トレードで稼ぐお金も、高い金利で貸して利ザヤを得ることも合法的に行われている限り、きれいも汚いもないと思います。

いつの時代も、人を騙《だま》す詐欺行為、脅迫、禁止薬物の売買、輸入が禁止されているものの密輸などで稼ぐことは犯罪です。そうやって稼いだお金はアングラマネーだといわざるをえませんが、それ以外の方法で合法的にお金を稼ぐことは決して非難されるようなことではありません。**お金は汚いものという日本人の発想は、そろそろ捨てたほうがいい**と思います。

リボ払いほど怖いものはない!

保険会社にいた頃、グループ企業社員向けの簡単に借りられるカードローンがありました。自分はそもそも借金が嫌いで、それまでカードローンなんて一度も借りたことはありませんでしたが、普通の銀行系カードローンの金利が12%程度だったときに、なんとグループ企業社員は4%という格安の金利で借りることができました。当時から株式投資にはまっていた私は、買った株が下がったりすると、ナンピン(平均買い単価を下げるために安くなったところで買い増しする行為)を繰り返していました。こんな買い方をしていると、いくらお金があっても足りず、しまいには電話一本で翌日振り込んでもらえる社員向けのカードローン会社に電話をしていました。

最初に借りた金額は100万円です。いきなりなんの抵抗もなく100万円のキャッシングをしてしまいました。それというのも、返済は1万円単位のリボ払いでしたので、

１００万円借りても、毎月定額の１万円を給与振込口座から引かれるだけです。妻に給与明細を見られたとしても、会社で月額１万円の保険に入らされたといえば、なんとかなります。

そのうち、また株が下がったので、さらにナンピン用資金が必要になりました。こうなってくると、だんだんヤバくなるわけですが、さらに１００万円借りても毎月の返済は２万円です。また保険に入らされたといえば、なんとかなる金額です。

ということで当時の借入限度額の２００万円を借り、毎月２万円のリボ払いをしていました。当然、返済している金額が低すぎるので、借入残高はなかなか減らず、５年くらい払い続けて、最後は残高が少なくなった時点で繰り上げ返済をしました。金利が４％と、特別低い金利でしたのでなんとかなりました。

某大手銀行系カード会社の手数料を確認したところ、超低金利の現在でも「通常手数料は15・00％（実質年率）です」とリボ払いのシミュレーションページに表示されていました。

自分もよく楽天カードでネットショッピングをしますが、使用したあとに毎回「リボ払いに変更しませんか？」というメールがしつこくきます。**リボ払いの金利はどこのカード会社も恐ろしく高い**ですから、決して誘惑には乗らないようにしてください。**そもそもカードでキャッシングするのは絶対にやめるべき**ですし、買い物をするにしても一括払いで支払えないのであれば、絶対に買うべきではありません。

ファイナンシャルリテラシーを磨きたければ、まずはリボ払いの仕組みを理解して、絶対にリボ払いの罠《わな》にはまらないことだと思います。

宵越しの銭は持たないタイプは一生お金の奴隷

お金に対する価値観は人それぞれ、いろいろな考え方があります。日本人は洗脳教育のおかげで、みんな真面目ですし、勤勉だと思います。私が社会人として働きはじめたときも、かなり一生懸命に貯金をしました。

なぜそんなに貯金に走ったのかというと、大学の先生が授業中にいっていた一言がずっと気になっていたからです。

その先生が社会に出ようとしている私たちに対していったのは「**人生、何が起きるかわからないので、社会人になったら1年間仕事がなくても生活できる額のお金を早く貯めなさい**」ということでした。

自分は大学2年のときに父が残していった多額の借金にかなり苦しめられましたし、社会人として働きはじめてからも、その返済にずっと追われ続けることになりました。今回のコロナウイルスもそうですが、人生、突然何が起きるかわかりません。株式投資でもよく一寸先は闇だといわれますが、生きるということはそういうことだと思います。

お金について何もわからない時期に、お金の怖さを思い知らされた私は、働いて手にした給料の3分の1を貯金することにしました。独身の頃は、賞与をほぼまるまるそのまま貯金していました。おかげで3年もすると、1年間失業したとしても生活していけるだけの資金を確保できました。

働きはじめた頃にお金を貯める癖をつけないと、なかなかまとまったお金をつくることはできなくなります。社会人になると、何かと誘惑は多いです。高い家賃を支払い、友達と頻繁に飲み歩き、洋服や趣味やデートにお金を使うようになると、ほとんど貯金することはできないと思います。

お金の使い方に関しては、小学生の頃にもらったお小遣いをどのように使っていたかが大人になってからのお金の使い方に影響するといわれています。お小遣いをもらった途端に好きなものを買ってしまい、いつも月末にはなくなっていた経験のある人は、社会人になっても同じように使ってしまいます。計画的に使うことを子供のうちに覚えさせないと、大人になっても浪費癖はなかなか直らず、「宵越しの銭は持たない！」というタイプになってしまいます。

ブランド品を次々に買ってしまうタイプの人や、お金がなくてもクレジットカードでつい買ってしまうような人は、**一生お金の奴隷にならないように注意が必要**だと思います。

源泉徴収制度こそが経済的奴隷制度

諸外国では税金は自分で計算して納税するのが基本ですが、なぜか日本ではサラリーマンである限り、会社が毎月の給料から天引きして納めてくれます。住民税や社会保険料も同じように毎月の給料から引かれる仕組みになっています。

この制度、一見、働く人にはとても便利なように思えますが、実は**納税に対する痛みを感じさせなくして、税について無知にさせる制度**なのです。この制度によって、自分がいくら税金を納めているのかも知らず、社会保険料がじわりと上がっていても気づいていない人が大半です。

昔はなかった介護保険料が追加されましたし、東日本大震災以降は復興特別税も引かれています。おそらく**この制度がある限り、政府はサラリーマンから税金を取りっぱぐれる心配はありません**し、税金が足りなくなったら、税率を上げたり新たな納税制度を創設すれば、いくらでも徴税できるわけです。

しかも、本来なら、計算や事務手続きは徴税する側の仕事のはずですが、それさえも各企業に押しつけているのですから、政府にとってこんなにいい制度はないといえます。

そもそも源泉徴収制度の起源は、１７９９年のナポレオン戦争の際、貴族階級からの戦費調達を目的としてイギリスで創設された制度で、その後、ドイツのヒトラーが第２次世界大戦時に戦費調達のために広く国民を対象に導入しました。日本もこれにならって１９４０年に導入しています。

サラリーマン時代、源泉徴収票を毎年1月にもらいましたが、気にして見るのは支給総額ぐらいで、あとは税金が随分引かれてるなぁと思った程度です。**普通は確定申告をしませんから、源泉徴収票の正しい見方すらわかりません**でした。保険会社に勤務していたので、損害保険料控除覧と生命保険料控除覧だけは気にして見ていました……。

こうして**日本では、税金や節税に対してまったく無知な国民が量産され、知らないうちに真綿で首を絞められるように源泉徴収される金額は増えていきます。**とくに若い人は選挙に行きませんから、お年寄りが選んだ議員ばかりが当選し、高齢者に有利な形の所得再配分や社会保障制度がつくられています。

日本ではいまだに生涯サラリーマンを続けて、そのまま一生を終える方がほとんどです。サラリーマンでいる限り、生涯年収は決まってしまい、おそらく経済的に余裕のある豊かな生活はできないでしょう。**豊かになるためには、源泉徴収制度に縛られた「経済的奴隷制度」から脱出するしかない**と思います。

格差社会はお金に対する無知が原因

しばらく前に「一億総中流時代」という言葉が流行《はや》りました。1948年を第1回として実施されている内閣府の「国民生活に関する世論調査」で、生活の程度に関して自分は「中流である」と答えた回答者の比率が1970年代以降約9割を超えたことから、この言葉が当時頻繁に使われるようになりました。

GDP（国内総生産）が伸びるとともに、給料も毎年伸びていった古き良き時代を象徴する言葉だったと思います。

その後、バブル崩壊を経て、日本経済は失われた20年または30年といわれるように、デフレスパイラルに突入してしまいました。当然、物は売れなくなり、年収も下がり続けます。多くの仕事や職場が失われ、中流階級だった人たちも多くが下の階級に落ちていったのです。

かくして、**今「一億総中流」などと思っている人は誰もいない**でしょう。むしろ格差社会をどう生き抜くかに、世の中の関心は移ってしまいました。書店に並ぶ本のタイトルを見ても、**「格差社会」**や**「下流社会」「下流老人」**など社会構造の変化や貧困をテーマにしたものが多く出版されています。

なぜ日本はこうなってしまったのかを考えると、いろいろ原因はあると思いますが、一言でいうと、**「お金に対する無知が原因」**だと思います。誰もがお金は働いて稼ぐものだと信じていますし、株や不動産やほかの投資に手を出すと、必ず損をすると思い込んでいます。少なくとも配当や株主優待がもらえるお得な株や、毎月家賃が入ってくる不動産などに投資している人は、日本ではほんの一握りです。上場企業の社員であれば、会社から補助も出る従業員持ち株会のようなお得な制度があるにもかかわらず、それをやっていない社員が多いのは驚きです。

日本人はみんな真面目ですし、勤勉だと思います。ですから、普通に働いてお金を稼ぐことは誰にでも可能です。でも、その後にお金を増やす方法や知識がないために、せっかく築いた「一億総中流社会」が「一億総下流社会」に転げ落ちようとしています。

お金を増やす方法は、大きく分けると2つしかありません。1つは、お金がお金を生む複利で運用し続けることです。もう1つは、不動産投資などでよくいわれているレバレッジ効果です。世の中のお金は、この2つの仕組みで増えているといっても過言ではありません。

せっかく汗水たらして働いても、日本人はそれを増やす方法を知らない人がほとんどです。もちろん、親も先生も知りません。社会人になっても、会社の同僚も先輩もお金に対しては無知ですから、誰からも学ぶ機会はないのです。

幸いにも、私たちが生きている現代は便利な世の中で、書籍やセミナーのほか、ネット上にお金を増やすための情報があふれています。私がかつて講師をさせていただいていた日本ファイナンシャルアカデミー（https://www.f-academy.jp/）のように、民間で講座を開いている企業もあります。**ファイナンシャルリテラシーを磨こうと思ったら、まずは自分に投資すること**から始めることです。

連帯保証人のハンコは絶対に押さない！

自分が初めてアパートを買おうと思ったとき、金融機関の事情も知らないまま、地元の信用金庫や地銀２行、信託銀行、政府系の日本政策金融公庫（当時の国民生活金融公庫）にいきなり「３３００万円貸していただきたいのですが……」と突撃しました。物件は築10年の木造２階建てアパートで、表面利回りは15％。

結果、すべての金融機関がぜひ融資させてください、となりました。

実は自己資金が２０００万円あったので、どこも融資について前向きだったのだと思います。ただし、どこの銀行も妻が連帯保証人になることが条件だといわれました。唯一保証人がいらなかったのが政府系の日本政策金融公庫です。

当時、私は妻に連帯保証人になってほしいと何度もお願いをしました。ところが、「なんで私があんたの保証人にならなきゃいけないのよ！」とものすごい剣幕で激怒されたのです。その話を一番融資に熱心だった信金の支店長さんにしたところ、「ぜひ融資させていただきたいので、奥様を説得しにうかがいます！」とまでいっていただけましたが、それは絶対に無理だろうと思い、泣く泣くお断りしました。

確かに、日本では親兄弟や親戚が安易に保証人覧に署名捺印したために、のちに多額の借金を背負うことになり、一家離散や自殺にまで追い込まれるケースがどれだけ起きてきたことでしょうか。妻は保証人になることのリスクを知っていたのか、もしくは単に私をまったく信用していないだけなのかはわかりませんが、絶対に保証人にはなってくれません。その後、私は融資を受ける際に、保証人なしで貸してくれる銀行としかお付き合いできなくなりました。

逆に考えれば、頭の固い妻のおかげで、保証人不要で貸してくれる金融機関を複数開拓することができ、リスクの軽減につながっています。そういう意味では、妻のほうがファイナンシャルリテラシーが高いのかもしれません。

最近では2020年4月に民法改正が行われ、保証人をとる場合は、責任限度額（極度額）の設定が必要になったことや、その際に保証意思宣明公正証書の作成が必要なことから、民間の金融機関でも保証人なしで融資する銀行が増えてきました。

今回のコロナ禍で極端に売り上げが落ちた業種はたくさんあります。今はまだ多くの個人や企業がなんとか持ちこたえていますが、コロナウイルスの影響が何年も続くようだと、連鎖的な倒産が始まってしまう危険があります。

身内や親族が開業する際に頼まれて仕方なく連帯保証人欄にハンコを押してしまったという方もいると思いますが、そんな場合は早めに対策をされたほうがいいと思います。**そもそもファイナンシャルリテラシーが高い人は、誰がなんといおうと絶対に保証人のハンコは押さない**と思います。

友達に「お金を貸して」といわれたら、絶対に返ってこないと思ったほうがいい

昔から仲のよい友達から突然「お金を貸してくれない？」と頼まれることがあります。その場合は、銀行や消費者ローンはもちろん、親や兄弟からも借りることができない状態になっていて、切羽詰まって訪ねてきたと思って間違いありません。とくに100万円単位のお金の場合は、その後、連絡が取れなくなる可能性が高いといえます。

私が子供の頃から一番仲のよかった友人は土建関係の事業をしていて、あるとき「今日、口座にお金を入れないと手形が落とせなくなって倒産するので助けてほしい」といってきました。月末には売り上げた分の入金があり、それが入ったらすぐに返すとのことです。

とにかく急いでいたようで、一緒に銀行に行って100万円を下ろすと、借用書ももらわずに渡してしまいました。そのときはすごく感謝して、ありがとうといっていましたが、その後、携帯電話にかけても、まったく連絡が取れなくなってしまいました。

人は本当に追い詰められると、一番親しく、絶対に断らないだろうと思う人にお願いをします。そんなときは、貸したお金は絶対に返ってこないと思ったほうがいいですし、貸す場合は、手切れ金だと思って貸したほうがすっきりします。中には夜逃げするための逃走資金を借りにくるケースもありますので、その場合は、餞別《せんべつ》だと思って渡すしかありません。

少し金回りがよくなると、親戚や友人、知人がお金のにおいを嗅ぎつけて近づいてくるものです。そして、いろいろな金儲け話を持ってきます。マルチ商法の話だったり、保険加入の話だったり、怪しい投資の話だったり……。

私は、マルチや保険、投資話についてかなり免疫が備わっているので、無駄な時間を割いて話を聞くことはありませんが、何度か取引をさせてもらっている不動産業者さんから過去にお金を貸してほしいといわれたことがあります。

最初は20万円を貸してほしいと相談され、「直筆の借用書も用意してきました。期日までに必ず返します」と懇願されました。この業者さんからは、安い土地を何度か紹介してもらっていたので、むげに断ることはできませんでした。

1回目は期限通りに返してもらい、安心していたのですが、その後、年末になって、また20万円を貸してもらえないかと電話がかかってきました。一度返してもらっていますし、今後もお付き合いしたい業者さんだったので、銀行の駐車場で待ち合わせをして、キャッシュカードで下ろした20万円をお貸ししました。

年が明けると、ほかの業者さんから「飛んだらしいよ！」といわれ、びっくりしました。ほかの業者さんも何人か貸していたそうです。やはり、**「お金を貸して」と親しい人からいわれたら、もう返ってこないと思ったほうがいい**ですよ。

お金の勉強は株をやればすべて学べる

手っ取り早くお金の勉強をしたいと思ったら、やはり株を買ってみるのが一番です。少なくとも毎日、経済ニュースをチェックするようになりますし、為替や原油価格も気にして見るようになります。日本株は世界中のニュースや出来事に反応し、日々、株価が動いています。そして、世界経済は世の中のいろいろな要素が絡み合って動いているので、こうした経済ニュースのチェックは欠かせません。

株を始めようと思ったら、まず証券会社に口座を開設することから始めなければいけません。

銀行にしか口座を持ったことがない大半の日本人にとっては、一生無縁かもしれませんが、**若くして証券口座を持つことはファイナンシャルリテラシーを磨くには欠かせない**ことだと思います。

重要なのは、できるだけ若いうちに経験することです。わが家では、高校入学と同時に下りてくる学資保険の入学お祝い金をそのまま子供たちに渡して、好きな株を買わせました。

長男も次男もマクドナルドや吉野家などの株主優待がもらえる株がいいらしく、長期で保有していました。マクドナルド株では、3月末と9月下旬に100〜299株保有している株主に6枚綴《つづ》りの優待食事券が発送されます。吉野家株では、5月と11月に100〜999株保有している株主に対して300円の優待券10枚綴りが送られてきます。

どこの地域に行ってもファストフード店は身近にあって使えますし、とくに高校生は、部活でお腹がすいた学校帰りに友達と立ち寄ることがよくあります。いっしょに行った友達に優待でおごってあげると、「お前んち、金持ちなの？」と聞かれたそうです。いつもヨレヨレのワイシャツにお尻がテカテカに光ったズボンをはいていたので、決してお金持ちではないと思うのですが……。「株主優待＝お金持ち」のイメージは高校生にもあるのでしょうか。

株式投資をやるなら、できるだけ早いほうがいいという話をしましたが、20代の独身の頃に始めておけば、仮に失敗しても、またお金を貯めれば再起できます。**若い頃に失敗した経験は、人生において十分な肥やしになります**。株をやることで『会社四季報』も定期購読するようになりますし、日本経済新聞も読むようになります。最近は電子版もあるので、電車の中や外出先でも空いた時間に読むことが可能です。

ビジネスマンなのに「日経新聞も読んでいないの？」と思うことがよくありますが、毎朝、その程度の情報ぐらいはインプットしておかないと、ファイナンシャルリテラシーは磨けないと思います。

投資信託を買うことは学ぶ機会を放棄するようなもの

生きていく上で絶対になくてはならない「お金」ですが、普通に真面目に生きていたら、お金に関する知識を学ぶ機会はまったくありません。ですから、独学で学ぶしかないわけです。

では、どうやってファイナンシャルリテラシーを身につければいいかといえば、**株と不動産を自分で買ってみるしかない**と思います。自分の経験では、これが一番手っ取り早い方法です。

銀行の定期預金では利息は全然つかないし、何かいい増やし方はないかということで、銀行員から勧められるまま投資信託を購入する人がいます。株は怖いし、有利な商品も自分ではわからないので、いっそのこと専門家に任せたほうが安心だとの気持ちはよくわかります。

でも、貸出金利も下がってしまった今、銀行も利益がじり貧になってきています。そこで、保険を売ったり、投資信託を販売したり、外貨預金を勧めてきたりします。**銀行は、**

利益を手数料商売で補填《ほてん》しようと必死なのです。証券会社出身者を中途採用したり、中には証券会社を設立した銀行さえあります。

当然、銀行員は、何も知らないあなたに、**一番手数料が高く、自分の成績アップにつながる投資信託を勧めてきます**。安全で手堅い運用成績を上げている投資信託かどうかは二の次です。

「銀行員にいわれるがまま、ボーナスや退職金をつぎ込んで買ったのに、株価が暴落して大損をした！」という話を身内からも聞きますが、命の次に大切なお金を安易に他人に預けてしまうから、そうなってしまうのです。現在ではノーロード（手数料０％）の投信も多いのに、３％もの手数料を支払って投信を買うのはどうかしていると思います。

お金の勉強は株をやればすべて学べると前項で書きましたが、それとは反対に、**投資信託を買うことは学ぶ機会を自ら放棄するようなもの**なのです。

たまたま株式市場が運悪く暴落したとしても、自分で好きな企業を選んで投資した場合は、自己責任ですから仕方ないとあきらめもつきますし、納得もできますが、銀行員を信頼して任せた場合には、「どうしてくれるのよ！」と暴れたくなる気持ちになるものです。

市場が暴落すると、毎回、価格変動リスクや為替リスク、デフォルトリスクの説明を当初受けていなかったと、大金をつぎ込んだ大口の顧客から消費者センターや金融庁に苦情が入ります。中には、銀行や証券会社を訴えるケースも必ず出てきます。

しかし、すべての失敗は**自らがお金について学ぶ機会を放棄したのが原因**だと思います。

100万円貯金できる人はお金持ちになれる

お金を増やすのは、そんなに難しいことではありません。でも、宵越しの銭は持たないというような使い方をする人にとっては、お金を貯めるのは至難の業といえます。

とくにブランド品をいつも身につけているような人は、買い物依存症に陥っている場合が大半のため、買うこと自体をやめられません。このような人は別にして、普通に働いているのであれば、収入の中から一定額を毎月貯金することは簡単にできると思います。

一定額を毎月貯金する最も確実な方法は「天引き貯金」と呼ばれるものです。

給与振り込みをしている口座から一定額を銀行の「積立定期」や信用金庫などの「定期積金」に毎月回せば、自然にお金が貯まっていきます。自分も不動産投資用の自己資金を貯めようと決めた際に、毎月10万円ずつ、年2回のボーナス時には倍額の20万円を定期積金に回していました。

目的を持ってお金を貯めようと思ったら、日本のバフェットとも呼ばれている本多静六氏の「**本多式月給４分の１天引き貯金**」という方法をおすすめします。

本多静六氏は25歳のときからこの方法で貯金と投資にお金を回した結果、15年後の40歳には利息と配当が自身の年収を超えていたといいます。60歳で大学教授を退官した本多氏は、今のお金に直すと１００億円の大金を匿名で寄付した人物としても有名です。

千里の道も一歩からではありませんが、まずは収入の4分の1を貯金することから始めましょう。**貯金がたくさん貯められる人とそうでない人の差は、決して年収が多いか少ないかではありません。**

私が不動産投資の相談を受けている投資家さんの中に、１部上場企業勤務でサラリーマンとしての年収が１４００万円、アパートを２棟所有しているのに、何年たっても１０００万円の頭金ができない人もいます。一方で、年収４００万円、同じくアパート２棟所有で規模的には同じなのに、2年で優に１０００万円以上貯まって、スムーズに銀行から次の物件の融資をしてもらっている人もいます。

投資でお金を増やそうと思ったら、まずは**種銭**が必要になります。これは雪だるまをつくるのと同じです。最初に手で小さな雪の玉をつくり、これを少しずつ転がしていくと、どんどん大きくなって、しまいには転がせないぐらいの大きさに成長します。投資では、この核になるまとまったお金をつくれたら、あとは複利とレバレッジ効果を利用すれば、自然に資産を増やすことができます。

では、最初の種銭はいくら用意すればいいのでしょうか？

株式投資でしたら100万円もあれば、3～5銘柄くらいに分散して買うことができますし、買う時期をずらして3回に分けて買うこともできます。

不動産投資を始めようと思ったら、かなりまとまった資金が必要になるので、100万円の札束1つでは足りません。地道に100万円の札束をいくつも積み上げていくことが必要です。

お金持ちになろうと思ったら、とにかく最初の種銭となる100万円の札束を早くつくることです。あとは、それを繰り返すだけなので、**100万円を貯金できる人はお金持ちになれる人なのです。**

うまい話には裏がある……

ファイナンシャルリテラシーがある程度高い人は、絶対に引っかかることはありませんが、大学生や社会人になったばかりの人を狙ったマルチ商法がいつの時代もひそかにはびこっているものです。

私が若い頃は、ステンレスの高級鍋セットや羽毛布団、磁気マットレス、洗剤、石鹸《せっけん》などのマルチ商法が流行っていました。私の弟の同級生がかなりトップクラスの代理店になって稼いでいたので、弟もはまってしまい、一時、鍋を売っていました。私も説明会場に連れていかれましたが、さすがにやることはありませんでした。その後、いつの間にかトップのほうにいた代理店たちが在庫を抱えすぎて夜逃げをしたり、本部から決められたパーセンテージのコミッションが入らなくなったりして破綻していきました。

その後も、同じような販売システムを利用した化粧品会社などが急成長したりして、知り合いから誘われ断り切れなくて、ホームパーティー会場に連れていかれたことが何度かあります。極めつきは、仲のよかった投資家さん数人が、タイの鉱山に出資すれば利回り

30％の配当が受け取れるとの話に飛びついて、最初は投資額300万円だったのが、どんどん追加して1000万円くらい投資したあと、配当支払いが止まってしまったという話がありました。私も「話を聞いてみない？」と誘われましたが、世の中に配当利回り30％という投資商品が存在しないことは明らかです。

ほかにも、エクシングワールド（XingWorld）というビズインターナショナル社が投資を勧誘していたバーチャルの空間に投資するビジネスが流行りましたが、これは消費者庁が勧誘に問題ありと判断し、業務停止処分の決定をしたため、それほど大騒ぎにはなりませんでした。ただし、買った仮想空間の土地などが簡単に値上がりするということで、若者の間で広がりました。

自分はこのときも知り合いの投資家さんから「吉川さん、いい土地を見つけたので一度見てください！」と誘われて、どんな土地なのかと思ったら、なんと仮想空間内にある渋谷109の土地を見せられました。確かにいい土地であることは間違いありませんが、すぐ帰りたくなったのはいうまでもありません。

平成電電事件というのも大きな社会問題になりました。このときも、母方の親戚の叔父さんからいい話があるから出資しないかと持ち出されました。ADSLモデムのオーナーになるだけで26・4％もの利回りがあるといわれましたが、こんなことはありえません。

その後も年利10％という高利回り配当で出資を募っていましたが、丁重にお断りした次第です。

紹介したこの２つの事件はネットを検索すればすぐにヒットしますので、騙されやすい方は調べておくことをおすすめします。

このように、**うまい話というのは、自分の身近にいる人物が誘ってくる**ので、信用してしまいがちですが、話に乗ってはいけません。**向こうからやってくるうまい話には絶対に裏がある**のです。

子供には毎日ゲームをやらせなさい！

こんなことを書くと、子供を持つ親御さんから苦情が殺到しそうですが、「ストリートファイターⅡ」や「桃太郎電鉄」全盛期に２人の子供を育てた親としてあえていいたいと思います。

２０２０年４月に香川県が制定した「ネット・ゲーム依存症対策条例」は香川県弁護士

会が指摘するとおり、憲法違反だと思います。子供の時間の使い方は本人や親が自律的に決められる自由を有し、憲法第13条が保障する自己決定権を侵害しているのは明らかです。小さな町や村の議会なら、父兄からの声に屈して議会を通してしまったということも考えられますが、よりによって県議会がこのような条例を制定してしまったのには驚いてしまいました。

「絶対におかしいだろう！」と思っていたら、さすが弁護士会は権利を守る番人です。よくぞ立ち上がってくれました。

そもそも子供がゲームにはまるのは仕方のないことです。それぞれの家庭でルールを決めればいいことであって、法律で規制するレベルのものではありません。ゲームに熱中することで攻略法を学びますし、どんどん上達し向上心だって育むことができます。友達と交流してコミュニケーション能力だって養えます。

勉強をそっちのけで毎日夜中までやるのは確かに困りますが、世のお父さんだって毎日閉店までパチンコを打っている人がたくさんいますので、似たようなものです。

学生時代にパチンコと麻雀を覚えた途端、授業にも出ないで毎日朝からパチンコ屋と雀荘に入り浸った経験のある方は多いと思います。これも学生なら誰もがかかるはしかみたいなものです。うちの子供もゲームに夢中になっていた時期がありましたが、時間を1時間に決めたら、自由にできる友達の家に行って帰ってこなくなりますし、ゲームを取り上げたら、怒り出すので放っておくのが一番です。

長男は小学校のときからオンライン麻雀にはまり、中学生になったら漫画家の蛭《えび》子《す》能《よし》収《かず》さんと対戦していました。そこまで上達したのは大したものだと思います。その後は、家でパチンコとパチスロを毎日回していましたが、ついに中３になったら、ゲーセンで「大花火」や「アステカ」という台の名手になり、数千枚単位の貯玉をしていました。

大学に行ってからは、最初の頃、家賃以外に毎月10万円の仕送りをしていたのですが、パチンコで稼ぎはじめたので仕送りはいらないといってきました。親としては小学生のときからゲームやり放題にしておいてよかったと思っています。

働き出してからは株にはまり、自分の得意分野であるゲーム関連の株を５００円で買ったところ、それが２０００円を超えました。その後もゲーム関連株を専門に売買し、20代後半には２０００万円まで増やしています。芸は身を助けるといいますが、今ならeスポーツで頭角を現すかもしれませんし、ゲームデザイナーとして成功するかもしれません。

今の世の中、勉強だけして、いい大学に入っても、なんの役にも立たない時代です。そろそろ親も古い価値観を捨てる必要があると思います。うちの子供はゲームやり放題にしていたおかげで、ファイナンシャルリテラシーの高い子供に育ったのではないかと思っています。

ファイナンシャルリテラシーを磨くのに役に立つ最強の資格とは?

サラリーマンがダブルワークなどをしないでお金持ちになろうと思ったら、株と不動産をやるしかないと思います。ただし、株と不動産で成功するには、**勉強や実践に、働いている時間の半分程度の時間を費やす覚悟が必要**です。

毎日、日経新聞を1時間かけて読んだり、『会社四季報』を読むことに土日すべてを費やしたり、物件検索と現地確認や不動産業者回りに土日や有休を使い果たしたりしている方が多いです。

よく「1000時間の法則」といわれます。どんなことでも興味を持って取り組めば、1000時間くらいでセミプロやその道の中上級者レベルに到達するというものです。まずはここを目指してほしいと思います。

日本の平均年間総実労働時間はここ数年約2000時間前後で推移していますので、その半分くらいの時間をかけると、そこそこのレベルに到達します。例えば、1日平均して

３時間、毎日取り組めれば、３６５日で１０９５時間になります。

さらに上を目指すには、これを10年間続けると、「1万時間の法則」でいわれるレベルに到達し、分野を問わず「一流」や「トップレベル」の達人として一目置かれる存在になっているはずです。

私の経験から、株や不動産で稼げるようになるために非常に役に立ったり、助けられたりした資格があります。それは簿記と宅地建物取引士です。

株式投資では、四半期ごとに発表される決算書が読めないと、損をしたり後手に回ったりすることがよくあります。取引時間中に発表する企業の場合は、瞬時に読み解かないと、株価が大きく動いてしまうことが多々あります。決算短信に出てくる専門用語を知らなかったために損失を被ることだってあります。

不動産においても、簿記の知識は必須で、自分で記帳と仕分けができて決算書が読み解ければ、自然と節税に関する知識も身につきます。

宅地建物取引士は、民法から始まり、契約や相続、建築基準法、税法、宅地建物取引業法や取引の実務まで詳しく学べます。この資格を取得すると、不動産に関して目の前の視界が急に開けてきます。不動産業者に飛び込み訪問しても対等に話ができますし、逆に一目置かれることだってあります。

というのも、不動産業界で働く人たちも毎年チャレンジしていて、なかなか合格しない人がほとんどだからです。簿記は3級でかまいません。私は夜間の高校に週1回半年通って合格しました。1時間×4週×6カ月＝24時間と、テストの前に同じくらいの時間をかけて勉強したので、50時間ほど勉強したと思います。

宅建のほうは200～300時間くらいが合格ラインですので、中間の250時間として、**これら2つの資格に約300時間費やしたことで、随分、投資人生をショートカットできた**と思っています。

とくに宅地建物取引士ほど、人も雇わず1人で稼げる資格は世の中にないのではないかと思っています。

第3章

世の中には苦労所得と不労所得がある

額に汗して働くのは農耕民族的発想

世界の民族はたどってきた歴史から狩猟民族と農耕民族に大きく分かれます。

狩りによって食べ物を得ていた人々は獲物がたくさん獲れれば満腹になりますが、捕れない日々が続けば途端に飢えてしまいます。ですから、常に獲物を仕留める武器をつくって進化させ、獲物を求めて移動を繰り返してきました。アングロサクソンやロシア、東欧諸国、アフリカなどに住む人たちのルーツは狩猟民族だったといわれています。これらの人々の特徴として、自分の考えをしっかりと発言し、何事も恐れず毅然とした行動を取る傾向が強いようです。

一方で、農耕民族は河川流域の平野に定住して、麦や稲を育て、それらを保存しながら集団や村をつくって生活してきました。河川の氾濫《はんらん》や台風被害さえなければ、毎年食べ物が確保できて、狩猟民族より生活は安定していたのではないでしょうか。エジプトやメソポタミア、東南アジア、日本などがこれに該当するといわれています。意見を発言するときに、まわりの空気を読んだり、つい遠慮して思っていたことの半分もいえなかったり、人の目を気にして他人と違う行動をとることができなかったりします。おそらく、過去の長い歴史においても、村の掟《おきて》を守って集団行動をし、きっと村八分にされて群れから外されることを一番恐れて生活してきたのではないかと思います。

今回､新型コロナウイルス感染拡大という、思ってもみなかった大惨事が発生しました。誰もがこれから先どうしたらいいのかわからず、不安を抱いています。果たして、会社や工場に行き、額に汗して農耕民族のように毎日働くことが、今後も最良の人生なのでしょうか？　もっといえば、**サラリーマンとして、一生、好きでもない仕事をこのまま続けることが本当に幸せなのでしょうか？**

答えは明らかに「ＮＯ！」です。額に汗して働くことを決して否定するわけではありませんが、世の中にはいろいろな仕事や働き方があります。でも、肉体労働であれ、頭脳労働であれ、時間に縛られて労働を提供し、賃金という対価を得ているのは同じだといえます。

これに対して、「不労所得」と呼ばれる所得があることは、みなさんよくご存じかと思います。不労所得の代表的なものは次のとおりです。

①株式投資やＦＸ投資（配当、スワップ金利など）

②不動産投資（家賃収入、売却益）
③印税収入
④広告収入（ブログ、動画配信など）

信じがたいことですが、これらの所得を得て「**毎日が日曜日の生活**」をしている方が私の周囲には大勢います。しかも30代の若い方が多いのです。

自分の子供を医者や弁護士にさせようとするのはバカ親

子供の幸せを願わない親はいません。しかも、親の子供に対する愛情は、生まれたときから大人になっても変わらないといえます。子供のためになら、どんなことでもしてやりたいという無償の愛です。

親に対して「子供が将来どんな職業に就いてほしいですか？」というアンケートを取ると、医者や弁護士や公務員が上位にきます。でも、医者や弁護士は決して楽して稼げる商売ではありません。世間の目や社会的信用や評価は高いかもしれませんが、過酷な仕事です。

公立病院や総合病院に勤務する医師の多忙ぶりは、今回のコロナ禍でも報じられていました。何日も病院から家に帰れず、駐車場の車の中で寝泊まりしていたというニュースも報道されていました。これは緊急事態だから仕方ないと思われるかもしれませんが、医師は普段から超過密スケジュールで働いています。圧倒的に人員が足りないために長時間勤務がどこの病院でも常態化しています。

厚生労働省は、労災認定される**過労死の認定ラインとして残業時間を月間80時間としています**が、地域医療を担う特定の病院や医師や技能向上が必要な研修医については年間残業時間を１８６０時間まで容認することを認めています。これは月間に直すと平均１５５時間にもなります。過労死の認定ラインの約2倍に当たります。

日本人の年間平均労働時間が２０００時間を切ってきている時代に、残業時間が年間１８６０時間というのは普通の労働者の2倍も働いていることになります。とくに医師の場合、当直勤務があって、当直明けの日も普通に勤務しますので、36〜40時間連続して勤務することは日常茶飯事です。眠くて頭がもうろうとすることだってあるといいますから、そんな状態で医療ミスでも起こされたら、たまったものではありません。これだけ過酷な仕事に、なぜ自分の子供を就かせたいのか、意味がわかりません。**医者は苦労所得者の最たるもの**だと思います。

弁護士についても、世間一般的には高収入が約束されていて、傍《はた》から見ていると手堅い職業のように思えます。少なくとも数年前まではそうでした。ところが、法科大学院制度ができてから、司法試験合格者が年間1000人程度だったのが一気に2000人以上が合格するようになり、現在でも1500人ほどの合格者を出しています。合格者の数を増やしすぎたため、若い弁護士が食えない時代がやって来たのです。

弁護士の平均年収が2000万円を超えていたのはもう過去の話です。最近、弁護士さんから不動産投資をしたいと相談を受けるケースが増えてきました。私が保険会社勤務をしていた頃は、どこの弁護士事務所に行っても、みなさん羽振りがよかったのですが、最近は稼ぐのに苦労する仕事になってしまったようです。

きっと**勤務医の実態や最近の弁護士の実態を知れば、「絶対に医者と弁護士にはならない！」**と考える親が増えていいはずなのですが、バカ親が多いのは、子供にとってもかわいそうだと思います。

公務員も今や苦労所得者に

コロナ禍で雇い止めや派遣切りに遭ったり、運悪く廃業や倒産に見舞われた人もいると思います。このような状況になるとは誰も想像すらしていなかったわけで、コロナを経験する前と後とでは、職業を選択するにあたって安定志向はますます強くなると思います。

ランドセルなどに使う人工皮革を製造販売する化学メーカーのクラレが２０２０年４月に発表したアンケート調査の結果によると、男の子の親が子供に将来就かせたい職業の１位は断トツで「公務員」、２位は「医師」だそうです。確かに公務員は倒産の心配はないですし、景気に左右されないので、今回のＪＴＢのようにボーナスなしなんていうこともまずないでしょう。若い頃は年収を低く抑えられていますが、いまだに年功序列で年収はアップしていきますし、定年まで勤め上げれば、地方公務員でも退職金は２０００万円以上もらえます。まさに安定を求める人にはうってつけの職業といえます。

コロナ禍や大規模災害時の行政の対応を見ていると、相変わらず動きが遅く、何も決められない、誰も責任を取らないという行政の悪いところが露呈されました。

私は過去に再開発事業のコンサルタントをしていた時期がありますが、市の再開発室はいつも県の顔色をうかがって物事を判断しますし、県はその上の再開発協会や国土交通省の意向を常にうかがって仕事をする傾向があります。完全に上から下まで縦割りです。ときどき都市計画課や商工労働部との調整やすり合わせがどうしても必要になってくると、それがなかなか決まらず、前に進まない原因になってしまいます。そして課員全員で会議を何度も行い、課員全員で回覧板にハンコを押して、ようやく1つのことが前に進むという状況です。

世の中は目まぐるしいスピードで変化していますが、相変わらず役所に行くと、1階の窓口は忙しいですが、2階以上の階は時間がゆっくり流れていて、空気がよどんでいるのを感じるのは私だけではないと思います。下積みの間は、わがまま上司やパワハラ課長がどんなに理不尽なことをいい出そうが「はい！」という返事しかできません。とくに課長ともなれば、一番窓際の上席のひじ掛け付き椅子に座って、あまり仕事をしなくなります。そんな課長のご機嫌をうかがいながら、狭い机の上に積まれた山の書類にうずもれて、何年も何十年も過ごさないといけないわけですから、ある意味、**公務員も苦労所得者の最たるもの**だと思います。

不動産投資家業界を見ていても、元公務員が多いのは、属性がいいということもさることとなから、やはり苦労が多いから脱出を試みているのではないかと思います。

好きなことをしてお金を稼ぐのはほんの一握りの人たち

自分が大好きなことをしてお金を稼ぐことができれば、これほど幸せなことはありません。大学卒業年次までにこれが見つかれば、きっと楽しい人生が送れると思います。子供の頃の楽しかったことや時間を忘れてやったことを思い出してみると、好きなことが見つかるかもしれません。

また反対に、自分が絶対に嫌だとか、やれないとか、とても無理だと思っていることを書き出してみると、その対極にある好きなことが見つかるかもしれません。

もし、**あなたが好きなことや得意なことをして、人を喜ばすことができるなら、それがライフワークになる可能性があります**。本人はその才能に気づいていないことが多く、そんなことは商売として成り立たないと思っているケースがほとんどです。**才能をお金に変えられる人と、そうでない人との違いは、「自分には絶対にできない！」と思うか「自分**

にも絶対にできる！」と思うかの違いだけです。

2年前に私は『人生、楽に稼ぎたいなら不動産屋が一番！』（ダイヤモンド社）という本を上梓《じょうし》しました。内容としては、宅建士の資格を取って、自宅を事務所にして開業すれば、経費もかからないし、楽に仲介手数料1000万円ぐらいは稼げるよ、という内容です。

この本を読まれたある不動産会社で仲介を担当されている方が、「あれは、吉川さんだからできるんだよ」とおっしゃっていたそうです。確かに、著書を読んで同じ感想を持たれた人もいると思います。でも、あの本を読んで、大勢の人が宅建士試験にチャレンジして合格されましたし、私のまわりでも実際に自宅を事務所にして開業された方が3人ほどいます。今年も開業したいという人が私のまわりには3人もいます。ちなみに、全員、「サンデー毎日倶楽部」に参加されている方々です。

不動産投資が好きな人にとって、宅地建物取引業はとても相性がよいビジネスです。不動産投資では、必ずどこかで所有していた物件を売却して利益を確定する場面が出てきます。そんなときも、他業者に仲介手数料を支払うことなく、自分で売却できますし、個人所有の物件を業者登録した自分の法人で売却すれば、買主から仲介手数料を普通にもらうことだってできます。

ほかにも、毎日、不動産ポータルサイトをのぞいて物件探しをしているだけでも、ときどき転売して儲かりそうな物件が見つかります。**毎日が宝探しをしているようなものです**から、一度買い取り転売で成功すると、物件探しがすごく楽しくなります。

何事も自分には無理だと思ったら、人生を変えることはできません。自分にもできると思った人だけが人生を変えています。でも、そのことに気づいて、好きなことをしてお金を稼いでいるのはほんの一握りの人たちなのは、とても残念でなりません。

ほったらかしでお金を生むシステムこそ不労所得

もう一度、不労所得として挙げた代表的なものを思い出してください。株式投資、不動産投資、印税収入、広告収入（アフィリエイトなど）が代表的なものだといいました。実は、私はこの4種類の不労所得のすべてのジャンルから現在収入を得ています。

一番収入が多いのは不動産投資からで、この収入だけで生活できてしまいます。不動産投資家の中には借り入れをどんどん増やして、所有戸数を100戸、200戸、300戸と規模を大きくしている方が多いのですが、私は借り入れを増やしたくないのと、そんなに規模を拡大しなくても十分食べていけるという考え方なので、所有している物件数は、個人で１ＬＤＫ14戸のアパート１棟と、法人で１ＬＤＫ８戸＋１ルーム４戸（計12戸）のアパート１棟、戸建て賃貸６棟を持っているだけです。

毎月、管理費などを差し引いて管理会社から振り込まれてくる金額は、個人が79万円、返済は32万円なので、税引き前キャッシュで47万円残ります。法人では毎月振り込まれてくる額が１４４万２０００円で返済が35・７万円なので、１０８万５０００円が税引き前キャッシュで残ります。

個人と法人を合わせて１５５万５０００円。空室損失と固定資産税や法人税、所得税を考慮すると、月額１００万円くらいが私の個人と法人の不動産から得られる不労所得になります。私が15年前に18年間勤めた保険会社を辞めた当時、確か、税引き前キャッシュフローで月１５０万円になった頃だったと記憶しています。

私が主催する「サンデー毎日倶楽部」のメンバーも次々にサラリーマンをリタイアされましたが、キャッシュフローが似たような金額に達した段階で、若くしてサラリーマンを卒業していいます。不動産投資で不労所得を得て、安全にサラリーマンをリタイアしようと思ったら、毎月手取りキャッシュフローで１００万円くらいは必要だと思います。私がサラリーマンを辞めたときの給料は月額50万円、ボーナス２回で２００万円、年収ベースで

800万円でした。月額100万円の不労所得があれば年間1200万円になりますので、サラリーマン時代よりも5割程度余裕が生まれます。

働かないという生き方を実現するために最も手っ取り早くて、しかも再現性の高い方法は不動産投資しかありません。しかも、自己資金を最初からたくさん入れておくようにすれば、ほとんどノーリスクに近いといえます。毎月入ってくる家賃を貯め込んでおき、自己資金として再投資を繰り返していけば、おそらくそんなに無理をしなくても、5年程度で目標とする月100万円に到達できると思います。

株式配当だけで生活しようと思ったら6億円は必要

同じ不労所得と呼ばれている株式の配当だけで、月額100万円生活をしようと思ったら、どれくらいの投資をすればいいでしょうか。

東証1部全銘柄の平均配当利回り（2020年10月8日時点）は1・91%しかありませんので、6億3000万円の株式を保有する必要があります。企業は景気がよくて儲かっているときはたくさん配当を出しますが、ひとたび不景気に見舞われたり、赤字決算に陥ったりすれば、配当はなしになってしまいます。

ちなみに1・91％は東証1部全銘柄の前期の実績ですが、コロナ禍による今期の配当予想は1・69％に落ち込むそうです（次ページ表を参照）。そうなると、年間配当は1065万円まで落ち込んでしまいます。各企業の配当は決して安定しているわけではないので、配当だけで生活しようと思ったら、10億円くらいの株を保有していないと安心していられないといえそうです。

私の知る限り、株だけで生活しているトレーダーの多くは、配当生活を目標にしているわけではなく、あくまでも売買益であるキャピタルゲインを得ることで生活しています。いわば狩猟民族だといえます。当然、どんな敏腕トレーダーやカリスマトレーダーでも、今回のコロナショックのような事態がひとたび起きれば、予想を超える痛手をこうむることだってあるわけです。

コロナショックに伴い、信用取引で多額の追証《おいしょう》が発生したために、所有していた5億円以上するマンションを手放したという話を耳にしました。このようなことがあるので、**銀行は億トレーダーにはお金を貸しませんし、住宅ローンすら組めないのです。**

私も前期末に5000万円ほどの現物株を保有していましたが、もらえた配当は80万円

平均配当利回り（売買単位換算）

項目名	前期基準	予想
日経平均	2.16%	1.93%
JPX日経400	1.72%	1.56%
日経300	1.94%	1.69%
東証1部全銘柄	1.91%	1.69%
東証1部全銘柄（加重）	2.32%	2.09%
東証2部全銘柄	2.12%	1.82%
東証2部全銘柄（加重）	1.66%	1.47%
ジャスダック	1.73%	1.57%
ジャスダック（加重）	1.42%	1.31%

（注）2020年10月8日時点
（出所）日経電子版

ちょっとでした。2020年の本決算の決算短信で、私が長期保有している銘柄の会社が減配を発表しました。年間40円配当から、いきなり20円配当になったのです。中間配当をしない期末一括配当の会社だったのですが、利益が回復するまでは配当が半分になってしまいました。これはかなりショックでしたが、仕方ありません。

ただし、JTのように配当利回り7.69％（2020年10月9日現在）という高配当銘柄も中にはあるので、配当狙いの人は安定した高配当銘柄を探してみる価値はあるといえそうです。

夢の印税生活はやっぱり夢

本の印税も代表的な不労所得ですが、印税生活をしようと思ったら、村上春樹さんクラスの大作家にでもならない限り無理だといえます。芥川賞や直木賞を取って受賞作が売れたとしても、そんなに大した金額は入ってきません。

ピースの又吉直樹さんの場合は、芸能人ということとマスコミが飛びついて取り上げたことで、『火花』は異例の発行部数240万部となりました。定価1296円（税込み）×240万部＝約31億円。普通はこの10％が印税になり、3億1000万円の印税が著者に入ることになります。ところが、又吉さんの場合は、吉本興業経由で印税が支払われるとのことで、本人にいくら入ったのかは定かではありません。すべての金額が入るのであれば、なんとか夢の印税生活ができるレベルだと思います。

又吉さんと同時受賞となった羽田圭介さんの『スクラップ・アンド・ビルド』は23万部発行され、1冊1300円ですので印税率10％で計算すると、2990万円の印税が本人に入ったことになります。その後、バラエティや路線バスの旅などでテレビに出ているにもかかわらず、発行部数は意外と伸びていません。芥川賞作家でも印税はこの程度なので、**夢の印税生活はやはり夢**だといえそうです。

羽田さんは将来の不安から個人型確定拠出年金「ｉＤｅＣｏ（イデコ）」を始めたり、投資信託を買って将来に備えているといいます。作家業一本で食べていけるのは相当のヒットメーカーじゃないと不可能です。

私はこれまでに別のペンネームで書いたものを含めると、過去に14冊の本を書いてきました。一番売れた本は、２０１２年に出版した『一生お金に困らない個人投資家という生き方』です。中国語版も発行されました。電子書籍を除いて5万３５００部、印税は８０２万５０００円頂きました。２番目に発行部数が多かったのは、２００９年に発行した『億万長者より手取り１０００万円が一番幸せ‼』で、３万６０００部、印税は５１４万４４００円でした。

14冊の印税総額は約３５００万円ほどになります。私の場合は、１冊書くと平均２５０万円の印税が入ってきますが、とてもそれだけで生活できるレベルではありません。**不動産賃貸収入以外に複数の収入源を持つという意味では、本を書くこともいい**と思います。でも、１冊書くためには、毎日、パソコンに向かって一定量の文章を地道に書いていく作業を、最低でも３カ月は続けないといけないので、それほど楽して得られる不労所得ではないと思います。

書き上げるまでは、いつもどこかに「早く書かなくちゃ！」というプレッシャーを感じていますし、書き上げた文章の校閲作業も出版社と著者双方でやりますので、これにもけっこう時間を取られます。爆発的に売れて発行部数が伸びれば不労所得といえそうですが、そうでない限りは苦労所得に分類すべきかもしれません……。

ブログやユーチューブの広告収入も不労所得

ブログや動画配信など広告収入で稼ぎたいと考える人も、若い層を中心に増えてきています。基本的には、芸能人並みのフォロワーがいたり、よほど大勢の人が毎日訪問してくれる人気サイトでないと、それだけで生活できるようになるのは難しいと思います。

過去にはアフィリエイトや情報商材販売で生計を立てている人もいましたが、今は人気ユーチューバーか会員数の多いオンライン・サロンの運営者など一握りの人に限られるでしょう。

私も過去に自分のブログでデザイナーズアパートのパースや平面図、立面図、内外部仕上表などをセットにしたＣＤ‐ＲＯＭを５万円で販売したことがあります。リリースした最初の１～３カ月くらいまでは勢いよく販売数が伸びましたが、すぐに需要はなくなって、月に１セットも売れなくなってしまいました。よほどカッコいいデザインの物件でない限り、全国に同じデザインの新築アパートを建てようという人は、そんなに多くいないものです。次に販売依頼を受けた株の情報商材も、ブログに販売先のリンクを張りつけてみましたが、最初の２カ月だけ２～３件売れた程度で、あとはまったく売れませんでした。

私のブログで一番売れたのは、最初に自費出版した『そして私は「金持ちサラリーマン」になった』という本の電子版です。出版元だった新風舎が倒産したために、在庫切れになってしまい、アマゾンなどのネット書店で中古品が一時２万円近い価格で取引されていました。さすがに申し訳なく思い、電子書籍化して１５００円で販売したところ、これが今でも毎月数冊ずつですが売れ、ロングセラーとなっています。

いずれにしても、**ブログやユーチューブの広告収入などで稼げるのはほんの一握り**なので、副業としてはいいと思いますが、それだけで働かなくてもいいようになるのは難しいです。私は不労所得の代表例として挙げた４つのジャンルで不労所得を得ていますが、**当初から安定して生活費を稼いでくれているのは、なんといっても不動産投資です。**圧倒的に賃貸収入に依存しています。もちろん、ときどき資産の組み替えのために物件を売却しているので、この**売却益も大きな臨時収入**になっています。

サラリーマンが、会社に依存せず、働かないという生き方を目指すには、多くの成功者に学ぶのが一番だと思います。**私の周囲のサンデー毎日を達成した方々の9割以上は不動産投資でリタイアを実現**されています。

民泊やホテル事業は完全に苦労所得

不動産投資ジャンルでも、アパートやマンション、事務所ビル、テナントビル、ソシアルビル、駐車場、トランクルームのオーナーになれば、入居者や借り手がいる限り、不労所得が入り続けます。地主さんのように幹線道路沿いの土地などを貸している場合も同様です。

毎月入ってくる賃料収入の5％程度の管理費を支払えば、煩わしい業務を代行してもらえます。

それに対して、民泊やホテル業は、少し見方を変えたほうがいいと思います。私の中での**不労所得の定義は、ほぼオペレーションに手間がかからず、ほったらかしで毎月お金がチャリンチャリンと入ってくるシステムをいいます**。

民泊やホテルは予約から始まって、チェックイン時のカギの受け渡しや、退去時のごみ捨てと清掃、ベッドメイキング、タオルや備品の補充が必要です。鍵の受け渡しはスマートフォンでもできるので省略可能ですが、退去時の清掃などはけっこうな重労働です。これらのオペレーションを代行してくれる業者にまる投げすることもできますが、そうすると、投資金額に対する利回りは一気に落ちてしまい、魅力のない投資になってしまいます。

運営コストを抑えるには、アルバイトやパート従業員を使って、うまく運営できるようにするのが一番です。そうなると、せっかくサラリーマンをリタイアして自由な時間ができたのに、今度は経営者としてのマネジメントやクレーム対応などに時間を取られるようになってしまいます。当然、バイトの突然の休みや病休などの際は、オーナーやオーナーの家族が代わって空いた穴を埋めることになります。

きっとそのうち、「なんで俺がトイレ掃除やベッドメイキングしてるんだろう？」と気づくことになると思います。せっかく苦労所得から脱出できたのですから、そんなことにならないように、**余計なことはしないこと**です。

私の師匠の口癖は**「人を使う商売はやっちゃダメなんだよ！」**です。「従業員は最大の固定負債であって、償却もできないし、給料や賞与以外に雇用保険料や社会保険料まで負担しないといけない……。人を1人雇ったら、毎年500万円の返済が必要な固定負債を抱えているようなもんだよ！」といつも聞かされていました。

今回の新型コロナウイルス感染拡大で、インバウンド需要、国内出張、旅行需要までもが途絶えてしまったので、宿泊施設を経営されているオーナーさんは本当に大変だと思います。2020年4～5月のホテル稼働率は1～2割との報道も目にしました。早くコロナが終息することを願うばかりです。

第4章

起業家につきものの金持ち倒産、貧乏倒産

起業ほど成功確率の低い投資はない！

私は、学生時代に父の経営する工務店が倒産した結果、どうなったかを見てきたので、起業に対して人一倍抵抗があります。また、社会人になって勤務していた再開発事業のコンサルタント会社が、私の長男が生まれて間もなく倒産しました。社長は悪い人ではなく、経営者としては度胸の据わった器の大きい方で、社員からとても信頼されていました。当時は社員旅行がまだ全盛期の時代で、社員全員を香港旅行に連れていってくれましたし、わざわざ社員を自宅に招待してくれるような温かい心の持ち主でした。この人にならついていこうという役員や社員は多かったと思います。

現在、安定した大企業に勤務されている人であっても、年功序列や終身雇用が崩れて給料が上がらないどころか、定年まで雇ってもらえないのではないかという不安を抱えているのではないでしょうか。日本を代表するトヨタ自動車の豊田章男社長が「なかなか終身雇用を守っていくのは難しい局面に入ってきた」と発言し、日本中が大騒ぎになりましたが、さらに追い打ちをかけるように、経団連の中西宏明会長が「正直いって、経済界は終身雇用なんてもう守れないと思っているんです。どうやって社会のシステムをつくり変えていくか、そういうことだというふうに（大学側と）お互いに理解が進んでいるので」と発言してネット上で波紋を呼びました。

終身雇用が崩壊すれば、いよいよ落ちていく先は、雇用が不安定で給料の安い非正規労働者か、もしくは常に中途採用を募集しているブラック企業で働くしかありません。**日本には労働基準法がありますが、従業員に長時間労働やサービス残業などを強制している企業がいまだに多いのが現実**です。

このまま何もしないで流されていくと、行きつく先は派遣かブラック企業だということは容易に想像できるはずです。そこで、これまでの経験やスキルを生かしたり、資格を取ったりして、フリーランスになろうとしたり起業しようと考える人も増えています。ただし、**起業した人の中で1年経過した時点で生き残っているのは4割程度しかいない**という厳しい現実があります。6割の企業やフリーランスが1年で倒産あるいは廃業し、借金だけが残るか、一生懸命に働いて貯めた資本金を失ってしまっています。

ちなみに、起業から5年後も生き残っている企業の生存確率は一気に減って15％程度です。10年ともなると、残っているのは6％というデータもあります。

起業して成功する確率はこれほど低いわけですから、**最初から起業なんて考えないほう**

がいいかもしれません。どうしても起業したい場合は、サラリーマンをしながら副業で始めて、収入が安定してきたらサラリーマンを辞めて本格的に打ち込むというかたちのほうが安全だと思います。

儲からない商売に潜む貧乏倒産への道

世の中には儲かる商売と、そうでない商売があると思います。**「売り上げ＝粗利」にほぼ近い商売は儲かる商売だといえます。**それに対して、薄利多売な商売は、売り上げは多いのですが、利幅が薄いため忙しい割にはさっぱり儲からないのです。

とくに商品単価の低いものを売っていると、大量に売らない限り、会社は回っていかないはずです。スーパー業界やコンビニ業界で働く人たちの年収が低いのは、薄利多売だからだといえます。

コンビニは出店競争が激しく、近所にライバル店ができると、すぐに売り上げが落ちてしまい、気がつくと、いつの間にか店がなくなっています。よく大手コンビニチェーンがオーナー募集をしていますが、オーナーとは名ばかりで、ＦＣ本部に雇われて過酷な奴隷労働に従事する、単なる雇われ店長だと思ったほうがいいでしょう。

「売り上げ＝粗利」に近いビジネスでも、社長やオーナーのやり方が悪かったり、手腕がないと、貧乏倒産に陥るのは時間の問題です。

知り合いの一級建築士の方が、１人法人をつくって独立するというので、出資をしたことがありました。創業から何年たっても、いつもお金がないとぼやいていました。建築士の仕事は、実際に契約をしないとお金が入ってきませんから、不動産業者と同じで成功報酬だといえます。知り合いの建築士さんは気がいいもので、いろいろな計画が次々と持ち込まれてくるのですが、プランニングしているうちに話がなくなったり、ほかの業者に話が行ってしまって、なかなか成果に結びつかないのが最大のウイークポイントでした。

私は彼に対して、図面１枚描くにもけっこうな労力がかかるんだから、プランニング図面を提案する段階から契約するように何度もアドバイスしたのですが、聞いてもらえず、とうとう設計事務所は倒産して閉めてしまいました。いつも遊びに行くたびに、奥さんまでもが「お金がない、お金がない」といっていたので、彼の場合は完全に貧乏倒産でした。

一級建築士といえば、建築業界でも「先生」と呼ばれる花形資格ですが、実は独立しても食えない人が大勢います。私の次男が絵を描くことが好きだったため、中学生のときに建築士になりたいといい出した時期がありました。建築士では食えないし、ゼネコンなどの設計部に入ったとしても超長時間労働のブラック職場だといって諭したことがあります。クリエイティブな仕事なので図面を引いているとすごく楽しいですし、時間も忘れて没頭してしまいますが、図面にしても確認申請や設計見積もりの作成にしても、提出期限を切られる仕事なので、恒常的な長時間労働と残業体質からはなかなか抜け出せない業界だと思います。

スーパーもそうですが、**忙しい割には儲からない業界には身を置かないこと**です。

儲かっている商売に潜む金持ち倒産への道

儲かっている商売や儲かっている会社は波に乗っているため、とても勢いがあります。とくにバブル崩壊後やリーマンショック後に倒産した企業を思い出してみると、**共通するのは業績好調による急拡大**です。

売り上げも利益もどんどん伸びているときは、銀行は寄ってたかって「うちにもぜひ融資させてください」とすり寄ってきます。しかし、ひとたび世の中の景気が悪くなったり、雲行きが怪しくなった途端、銀行は一斉に融資をストップしたり、貸しはがしや回収に走ります。

かつて飛ぶ鳥を落とす勢いでスーパー業界トップを走っていた中内功氏率いるダイエーや、積極的にブラジルやコスタリカ、シンガポール、台湾、アメリカなどに出店し、香港、シンガポール、マレーシア証券取引所に次々に上場を果たしていったヤオハンも、1997年には会社更生法の適用を申請し倒産しています。

不動産業界でも、バブルの頃、破竹の勢いでワンルームマンション開発とホテル事業を展開していたマルコーが、銀行融資が止まった途端、あっという間に会社更生法を申請して倒産しました。そのほか、リーマンショック後に破綻したゼファーやスルガコーポレーションなど、数多くの上場企業が消えていきました。

とくに印象深いのは、民事再生法の適用を申請した東証1部上場のアーバンコーポレイションです。直前の決算で売上高2436億円、経常利益616億円という過去最高益を計上していたにもかかわらず、黒字倒産してしまったのです。

東京商工リサーチによれば、**倒産企業のうち当期純損失を計上していた企業の割合は約半分程度で、残りの半分の企業は黒字倒産**だということです。つまり、損益計算書で売り上げと利益だけを見ている経営者が多く、**キャッシュフロー（出ていくお金と入ってくるお金の流れ）のタイムラグを把握していないことが倒産の原因**です。会社の勢いを過信して、キャッシュ不足になることを予測できないままに仕入れや投資を拡大している経営者がいかに多いかということでしょう。

黒字倒産は、トータルでは利益が出ているのですから、キャッシュフローの管理をきちんとして**無理な急拡大さえしなければ、簡単に回避できる**ものです。家計もそうですが、貯金がないと、万が一、一家の大黒柱が災害にあったり病気になったりした場合、即、生活費に困窮してしまいます。ですから、どこの家庭も一生懸命に貯金をしているわけです。企業経営者も儲かっているときに稼いだ利益を将来に備えて積み上げておかないと、簡単に倒産してしまいます。

私が勤めていた再開発のコンサルタント会社が倒産した話をしましたが、ここは「入ってくるコンサルタント料＝粗利」というほぼ100パーセント粗利のような会社でした。各地域の市街地再開発組合との随意契約でしたので、全国でやっている事業さえ順調に進《しん》捗《ちょく》していれば、なんの問題もない会社です。

成功者によくある話ですが、社長はバブル全盛期で事業が絶好調ということもあって、当時、お抱え運転手を雇ってロールスロイスで夜な夜な大阪から銀座まで飲みに行っていました。新築した家は大豪邸で、大きな石を配置し、広大な庭には滝が流れていて錦鯉《にしきごい》がたくさん泳いでいました。

全国10カ所以上で大きな再開発事業を抱えていたので、事業さえ進めば、将来の入金予定は確実でした。儲かっていて、しかも勢いのある会社が突然パタッと倒産するのは、人が心筋梗塞《こうそく》で突然死するようなものです。**会社にとって、お金は血液と同じ**ですので、社長が資金繰りを気にせず豪遊しだすと、儲かっている会社といえども「金持ち倒産」への道をまっしぐらに進んでいくことになります。

飲食業ほど飽きられるのが早い商売はない

中高年になってから、サラリーマンを辞めて飲食業を始めるという話をよく耳にします。料理好きな人や飲食業界でバイト経験のある人にとっては憧れなのかもしれません。飲食業界は参入障壁が低いため、脱サラ開業が人気なのでしょうが、**飲食業界はあらゆる業種の中で廃業率が最も高い**といわれています。

脱サラ開業でよくあるパターンは、大のラーメン好きがいろんな人気店を食べ歩いているうちに、自分でやってみようと開業したり、カレー好きが高じてカレー屋さんを開業したりするケースです。

「好きこそものの上手なれ」ということわざがあるとおり、私が通っている人気ラーメン店の店主は、ラーメン好きから、ついに会社を退職し、自分で田んぼの真ん中にぽつんとラーメン店をオープンさせてしまいました。詳しい住所を知っていないとたどり着けないお店ですが、癖になる味のため、人気店となっています。脱サラして成功した数少ないケースではないかと思います。

ここ数年は、高級食パンブームで1斤1000円前後もする食パン店の前に行列ができているのをよく見かけました。お店がオープンしたばかりの頃は、すぐに売り切れになってしまい、なかなか買えなくて、そのパン屋さんのパンを贈り物で持っていくと、大変喜ばれました。マスコミにも取り上げられ、ブームということもあって長蛇の列に並ばないと手に入らなかったのです。

あれから1年以上経過した今では、パンが焼きあがる時間になっても誰もお店の前には並んでいません。暑い夏場でも行列ができていたのは、いったいなんだったのでしょうか？

過去に富山の駅前やオフィス街にサンドイッチ屋さんができたときもそうでした。お昼休みの時間帯になると、お店の前にOLさんたちの行列が毎日できて、すごいことになっていました。けっこう高額な値段のサンドイッチだったにもかかわらず、新しいもの好きの女性たちの心をとらえたのか、ランチタイムの異常な光景でした。

お店の外にテーブルを並べたおしゃれなビアレストランなども、オープン当初は人があふれていて、なかなか予約も取れない状況が続きますが、人気が続くのも長くてせいぜい1年ほどだと思います。人は常に刺激を求めているため、新しいもの好きです。ですから、次々に新店がオープンする飲食店の集積エリアでは常に供給過剰で、競合店が乱立しています。

飲食店ほど飽きられるのが早い商売はないと思います。今回の新型コロナウイルスの終息はまだ見通せない状況なので、**飲食業で勝負するのは危険な賭け**だといえます。

FCで儲かるのは本部だけ

独立・起業を考えていると、フランチャイズ（FC）でお店を持つのが安全なのではないかと思うかもしれません。ちゃんとした信用できるFC本部を選ぶことができれば、教育も徹底しているでしょうし、開店後のサポートも充実していると思います。

ただ、独立・起業するからには、どんな業種でもいいというわけではなく、自分の得意なことや興味のあることじゃないと続かないことが多いです。

フランチャイズの特徴としては、未経験でも開業しやすく、本部の知名度やブランド力があるので集客も比較的スムーズにいく点が挙げられます。お客様にとっては、全国チェーン店が近所にオープンしたという感覚なので、認知されやすいです。

大手チェーン店のFC本部では、出店場所の選定や商圏人口、来店客数、売り上げ予測、客単価、経費率など、かなり細かなデータを持っていて、すでに収益モデルができ上がっています。**どうしてもFCで独立を目指したいのなら、実績のある大手FCチェーンが安心**だといえます。

全国展開しているFCチェーンの中には、高額な加盟料や研修費を設定しているところがあります。「このノウハウを身につけて、みなさん大成功されています」といって商標の使用権やノウハウを売りつけ、さらに研修費で儲けることをビジネスモデルにしているFCが少なからずあるのです。提示してくる収支採算計画書には、実際の売り上げを遥かに超える数字が入れられ、必要なスタッフの数や人件費が少なく見積もられていたりします。このような**現実とかけ離れた数値の収支採算計画書**を平気で出してくるＦＣ本部もあります。

加盟料や研修費で儲ける以外に、普通は毎月の経営指導料や商標使用料として売り上げや粗利の一定割合をロイヤリティとして徴収しています。この割合が高いために、一生懸命に働いても、オーナーとしては本部に搾取されているという感情がどんどん強くなってしまいます。

コインランドリーをオープンした知り合いのオーナーさんによると、ＦＣ本部から最初に提示された収支採算計画書はものすごく甘い売り上げ見通しで、最初はずっと赤字が続いたそうです。洗剤の補充や釣り銭の補充と集金、清掃業務はパートさんを雇ってお願いしていましたが、それらを自分でやることで、ようやく黒字化したとのこと。この経緯については、コインランドリーの悪徳ＦＣ本部に騙されるなという記事を自身のブログで公開されました。

コインランドリーは、新品の洗濯機や乾燥機を導入し、テナント料まで支払ってやると、まず採算ベースには乗らないと思います。自分の所有物件で空き店舗がある場合や、所有敷地の有効利用目的ぐらいの感覚でやらないと、採算は取れないようです。

それでも起業したいなら手数料商売が堅実

サラリーマンが脱サラしてどうしても**起業したいと思うなら、資格を取って手数料で儲ける商売をする**ことをおすすめします。

保険会社時代の職場の同僚は、税理士試験に合格したあと退職し、税理士として営業しています。ほかにも保険代理店と行政書士として長年活躍されている方もいます。私の知り合いの司法書士さんは、元は製薬会社に勤務されていたそうですが、司法書士の資格取得とともに脱サラし、司法書士事務所での研修後に独立・開業されています。

これらの士業と呼ばれる職業は、**最初に一定の顧客をつかむまでは大変ですが、その後は比較的安定した収入が得られる商売**です。

資格の中にも、使える資格とまったく使えない資格、ほとんど稼げない資格がありますので、そのあたりをよく見分ける必要があります。私の感覚では、『人生、楽に稼ぎたいなら不動産屋が一番!』に書いたとおり、**不動産屋が一番楽に、しかも手っ取り早く稼げる商売**ではないかと思います。

アパートやマンションなどの高額物件を年に1件仲介するだけでも、扱う価格が大きければサラリーマンの年収を超える収入になることだってあります。実際に私も開業して以来、ほんの片手間にやっているだけですが、年間1000万円以上の仲介手数料を得ています。

また、ときどきネットのポータルサイトに出ている安い物件を買ってリフォームし、転売も行っていますので、やり方次第でキャピタルゲインも得ることができます。

法務局に行くと、レクサスやベンツ、クラウンなどの高級車ばかり止まっているのが目につきますが、ほぼ不動産屋さんの車だと思って間違いありません。夜の繁華街を飲み歩いていると、必ずといっていいほど不動産業者さんと遭遇しますので、みなさん儲かっているのは間違いないと思います。

資格の中で最も食えないのはファイナンシャルプランナー（FP）です。**日本人は目に見えないものにお金を払う習慣がない**ため、単に相談しただけでお金がかかるようなコンサルティングに対して価値を見いだしていません。人生において、いつ、いくらお金がかかるかはすごく重要なことで、あらかじめ対策を立てたり準備をしておく必要がありますが、FPに相談することはめったにないでしょう。ファイナンシャルプランの作成や、家計や住宅ローン、保険の見直しだけで食べていけるFPはほんの一握りだと思います。

ＦＰは稼げない資格にもかかわらず、毎年必ず講習会を受けなければなりませんし、資格を維持するためには協会費を納めないといけません。資格を所有しているだけで維持費だけはしっかりとかかります。ただし、保険代理店資格や税理士資格、宅地建物取引士などと併せ持つことで利用価値が上がることはあると思いますが……。

保険代理店も決して楽な商売じゃない！

長年、保険会社にいた関係で、代理店研修生として毎年チャレンジしてくる脱サラ組の人たちを見てきました。

損保はどこも、2年間または3年間、嘱託社員として給料をもらい、独立可能な条件を満たせばプロ代理店として独立・開業できる制度を設けています。これは、サラリーマンのように安定した給料をもらいながら独立に向けて専門知識を勉強できる手厚い制度だと思います。

もちろん入社後、目標時期までに一定の保険料収入と顧客数が獲得できないと、なかなか独立・開業することは難しいですが、独立当初の開業資金の準備もいらず、いきなり無収入からの出発ではないため、将来、一国一城の主を目指す人にとってはいい制度だといえます。

損保の場合は、自動車保険や火災保険などのように、ほとんどの保険が1年契約です。長くてもせいぜい3～5年の保険期間なので、更新の時期が来るたびに手数料が入ってきます。

1件の保険料単価は少ないですが、友人、知人、親戚と地道に顧客を増やしていけば、どんどん保険料は積み上がっていきます。成功していくタイプは、元ディーラーの営業マンだったり、元信金や元地銀の銀行員さんだったり、元不動産会社の営業マンだったりと、ある程度、前職で顧客をお持ちの方が多いといえます。

2年もしくは3年の研修期間をきちんと終えて無事に独立・開業できる人の割合はどれくらいかというと、せいぜい1～2割ではないかと思います。お客様から大金を預かることが日常茶飯事ですので、お金の扱いにルーズな人は向いていません。口座への入金が遅れたり、中には一時的に私的流用したり、お金を持ち逃げしたりするといった事件もときどき発生しています。もちろん**数字が達成できなくて、途中で消えていく人のほうが圧倒的に多い**のはいうまでもありません。

生命保険会社では、代理店として独立した人が3年以上残っている確率は20%程度だというデータもあります。生保の場合は、新規の顧客を永遠に取り続けないと手数料を維持していけないので、ある意味、損保代理店より厳しいと思います。

保険会社は昨今の厳しい経営環境から、過去に何度も代理店に対する手数料率の改定を行ってきました。代理店だってすべての経費を負担しながら商売をしているのに、何度も手数料を下げられるのはたまったものではありません。もちろん、中には数億円の保険料収入を上げている代理店もありますが、そんな代理店はほんの一握りだと思って間違いありません。**保険代理店としての独立も決して甘くはない**のです。

起業するぐらいならサラリーマンでいるほうが10倍楽

サラリーマンがこれまでやってきた経験を生かして起業したり、趣味や得意なこと、好きなことを本格的にやるために起業したりするのは、成功する確率も高いので決して否定はしません。ただ、何をやるにも、普通はオーナーが自ら率先して、朝から晩まで身を粉にして働かないと、最初は軌道に乗らないと思います。

私のように、朝9時始まりで、一応週休2日のサラリーマン労働でさえ嫌で逃げ出したい人には、起業は無理だと思ったほうがいいでしょう。

昔は「サラリーマンは気楽な稼業」といわれ、できの悪い社員でも、とりあえず毎日会社にさえ行っていれば、毎年昇給し、ボーナスもたくさんもらえました。最近はかなり厳しくなりましたが、それでも重い足を引きずって、嫌な気持ちを抑えて会社にさえ行けば、毎月安定した給料が振り込まれるので、とりあえず生活はできると思います。

私が不動産業者として開業した途端、何カ月も売り上げがなく、半年くらい自分の給料が払えない期間が続きました。**起業するということは、そういうリスクを負うこと**でもあるのです。

無理に起業して家族に心配をかけたり、ひもじい思いをさせるくらいなら、サラリーマンでいるほうが10倍楽です。辞めてみるとわかりますが、会社は健康保険料などの社会保険料を半分負担してくれますし、雇用保険や何かあったときのための労災保険にも加入してくれます。**サラリーマンほど手厚く守られている職業はない**と思います。

そうはいっても、自分の気持ちを偽って、毎日嫌なことをしながら1日の大半を過ごすのはとてもつらいことです。

不動産投資を始めたいといって、私のところに相談に来た方が、どうしても今の会社にいるのがつらいから辞めたいとおっしゃったのですが、私は辞めてしまうと、銀行融資が3年ほど受けられなくなるので、銀行融資を受けるまでは今の会社で我慢するのがいいとアドバイスしました。結果的に、この方は辞めましたが、**どうしても耐えられないときは気持ちをリセットする意味で、会社を辞めてもいいと思います。**

私も何度も我慢できなくて、逃避行為を繰り返してきた人間です。世の中には、奴隷労働を強いるブラック企業ばかりではありませんし、パワハラ上司ばかりでもありません。自分でどうしようもない状況だと思ったら、いち早く転職を試みるのもありだと思います。うまく正社員として転職できれば、年収アップも期待できますし、しばらくは失業手当をもらいながら、ゆっくり自分に合った仕事を探すのもありです。

第5章

楽して儲けることは決して悪ではない

楽して儲けるには何が一番いいのか？

まず、みなさんにいっておきたいのは、**資本主義社会のシステムやルールにのっとって、楽してお金儲けをすることは決して悪いことではない**ということです。

世間では非難されたり、守銭奴のようにいわれたり、金の亡者呼ばわりされたり、非難されることが多いと思います。でも、合法的にお金儲けすることは称賛こそされ、決して非難されるべきではありません。

毎年、莫大《ばくだい》な利益を上げている大手商社だって、石油や鉱山資源を安く仕入れて高く売るだけで、数百億円単位の利益を得ています。ウォーレン・バフェット氏率いる米保険・投資会社バークシャー・ハサウェイは2019年7～9月期（第3四半期決算）に純利益が520億ドル（日本円で5兆6300億円）と、過去最高を更新し、世界で最も利益を上げている上場企業となりました。投資でこれだけの利益を上げたからといって、彼の会社を非難する人はいません。

通常の商慣行や資本主義のルールにのっとって上げた利益は、たとえそれが楽に儲けたように見えても、非難されるべきではありません。ちゃんと稼いだ分について、相応の税金を支払うわけですから、社会的にも素晴らしい貢献をしていると思います。

では、**楽して儲けるには何が一番いいのかといえば、商社のように金額の大きいものを扱うことです。**そうすれば、利益も大きくなることは間違いありません。私が『人生、楽に稼ぎたいなら不動産屋が一番！』で紹介した**不動産屋さんはその筆頭候補**だと思います。不動産を仕入れて売る場合、うまくいけば大きな利益を手にすることができますし、金額の大きな物件を仲介した場合も、わずか1回の取引でサラリーマンの年収を超える仲介手数料を手にすることだってできます。

30年以上前には、不動産競売に反社会的勢力の人が多く参加していました。これは、当時、競売妨害もできましたし、落札して右から左に流すだけで大きな利益が得られたからにほかなりません。

ほかに楽して儲けるというと、株式投資を思い浮かべる方が多いと思います。お金を動かすだけなので確かに楽ですが、確実に儲かるかといわれると、大半の人は損して種銭を溶かしたあげく、株式市場から退場させられてしまいます。

一方の**不動産投資のほうは、銀行から融資を受けるための自己資金さえ貯めることができれば、レバレッジをかけて大きな物件を購入できます。**これが今のところ、最も安全に不労所得を得る方法だといえます。

もちろん、フルローンやオーバーローンのようにレバレッジをかけすぎると、不測の事態が起きた際に対応できなくなったり、返済比率が高いために家賃収入だけでは返済できず、サラリーマン所得から補填しなければならなくなってしまうリスクがあります。そのようなリスクを避けるために**物件価格の1～2割の自己資金を用意できれば、楽して儲かる投資になる**と思います。

不動産業者はマンション1戸売るだけでも食べていける

宅地建物取引士試験に合格して不動産業者として開業するメリットは、自宅のリビングや書斎などを事務所にして開業することが可能なところです（都道府県によっては事務所と住宅の入り口を別に設けないといけないケースもあります）。不動産の仲介のみならず、仕入れた不動産をリフォームして転売することができるのもメリットです。

私は業者として開業してから、ほぼ毎年のように不動産ポータルサイトで安いと思われる物件を仕入れて、キッチン、浴室、洗面所、トイレ、床、壁、天井のクロスなどをリフォームして再販しています。

1年に1戸売る程度ですが、フルリフォームされた物件は少ないため、かなり高めの値段設定でも売れていきます。物件を自社で仕入れて、あとはいつもお願いしているリフォーム業者さんとリフォームの範囲を打ち合わせして発注するだけの簡単な仕事です。ほぼ丸投げで再販できる物件に仕上げてもらえます。

その後は、自分でリフォーム後の写真を撮ってネットにアップしておくだけで問い合わせがメールや電話で入ってきて、物件は売れていきます。

物件を仕入れる際のポイントは、マンションなら、「人気の立地や物件か」「リフォーム代を200万〜300万円かけても利益が出る価格で転売できるか」です。つまり、普通に取引されている相場価格よりもある程度安くないと、転売は不可能です。**ときどきネット上に出てくる値付け間違いと思われる物件をいち早く見つけて仕入れる**わけです。

これまでにネットで見つけたものの中には、350万円で買って110万円のリフォーム工事を行い、780万円で売れた物件や、1600万円で仕入れて、エアコン1台と照明器具2個、キッチンまわりのコーキング工事をしただけで2400万円で売れた物件などがありました。こんな物件がネット上に転がっているわけですから、不動産業者として不動産を自由に売買できるメリットは大きいといえます。

不動産のリフォーム再販で儲けるのは、昨今、ライバル業者も増えてきたので簡単にはいかない面もありますが、毎日、物件検索しているだけで、**ときどきネット上に大金が落ちている**ことがあります。もちろん、気づかない人はまったく気づかずにスルーしているでしょう。

また、気づいたとしても、買い付けを入れる場合は、当然、現金が手元にないと、元付けの仲介業者は相手にしてくれません。そのため、買い付け用のキャッシュは常に手元に用意しておく必要があります。

仲介手数料だけでなくて、買い取り再販ができるようになれば、不動産業者としての経営も安定しますし、銀行からも買い取り再販用の資金を貸し付けしてもらえるようになります。

不動産投資で楽して儲けるには?

不動産投資をされている方から、不動産投資は苦労が多い割に、決して儲かる投資ではないという意見を聞くことがあります。そんな方はおそらく、立地もさほどよくなく、かなり古い物件を低い利回りで買われたのではないかと思われます。きっと築30年前後のＲＣ（鉄筋コンクリート造）のマンションを、４・５％くらいの金利で資金調達し、しかもフルローンやオーバーローンで取得されているのだと思います。

普通に自己資金を１～２割入れて返済比率を50％以下にして買っていれば、毎月かなりの手残りがあるはずです。**融資がつくからということで、余裕のない返済計画で取得すると、不動産投資といえども儲かるはずがありません。**

古い建物は、設備が順々に壊れはじめます。大きな物件の場合は、エレベーターや受水槽、高架水槽、揚水ポンプ、火災報知器などの高額な設備が設置されています。当然、時期が来れば壊れますし、定期的なメンテナンスや修繕が必要です。外壁や屋上防水などの大規模修繕も必要になります。

また、ＲＣ建築物は法定耐用年数が47年と長いため、減価償却費も多く落とせないという欠点があります。

これに対して、私が昨年売却した木造アパート20世帯の物件は、２００６年に新築し、土地と建物合わせて８１７５万円でした。年間家賃は１２００万円、家賃は13年間ほぼ下落なしなので、13年間の回収賃料は1億5600万円になります。

売却額は9200万円で、譲渡所得は5465万円になりました。長期譲渡になるため、税金は20%の1093万円を納めましたが、毎年、家賃収入を得ながら減価償却費を計上することで節税を図り、さらに出口で多額の売却益を得ることができました。このように、**不動産投資は不労所得の優等生的存在**といえます。

この物件は、自分で平面プランを考えて新築した物件ですが、所有していた13年間で建物や設備のトラブルはほぼありませんでした。エアコンが夏場に故障して冷えないというトラブルが一度あったのと、ガス給湯器から水漏れしているというトラブルくらいで、あとはほぼほったらかし状態でお金だけが毎月振り込まれてきました。最初の頃、中古アパート2棟所有していたときのトラブル発生頻度に比べると、雲泥の差でした。

退去したあとの空室期間も、中古物件よりは短いです。中古物件を持っていたときのように、客付業者さんにしょっちゅう営業して回る必要もありません。**新築アパートこそ、楽して儲かる投資**だと思います。

まずは洗脳を解くためにやるべきこと

普通の人は、生まれてから働きはじめるまで高卒で18年間、大卒で22年間も洗脳教育を受け続けています。国の教育方針や人材育成は、建国以来、どこの国も変わりません。「ゆりかごから墓場まで」といわれた福祉国家のイギリスも、貧困や飢餓に苦しむ発展途上国も、**究極の目的は「優秀なタックスペイヤー（納税者）」をいかにたくさんつくり出すか**です。世界のすべての教育はこのために注ぎ込まれています。

高度成長期であれば、優秀で従順な物言わぬ労働者を大量に供給することで、日本経済全体が右肩上がりに拡大し、国は豊かになりました。バブル崩壊を経てデフレ時代に突入した今、単に工場労働者ばかりを量産してみても、思ったように税収は上がってきません。

時代の変化に合わせて教育も変えていくべきですが、上に立っている政治家の先生方の頭が固いのと、高級官僚も洗脳され続けてきたため、教育の質も方向性も１００年以上まったく変わっていません。個人の適性も能力も無視して、いまだに全員に同じ教科書を与え、同じ内容の教育をしているのですから、お先真っ暗な状況が続いています。

正直で勤勉な人が、必ずしもこの世の中で恵まれたり、成功したりすることがないのは、積極的な希望が持てず、自分の潜在意識に働きかけることをしないからだといえます。

そこで、長年刷り込まれた洗脳を解くためにやるべきことは、潜在意識に頻繁に訴えかけることです。

この世での幸せは、道徳的に立派なだけでは決して実現できません。自ら幸せな姿や成功した自分を目の前に描き続ける必要があります。私の友人は、一緒に初めてホノルルマラソンに参加したときに目標を決意し、帰国後「来年のホノルルマラソンにはサラリーマンをリタイアして参加する」と直筆で書いて、自分の部屋やトイレに貼りました。こうすることで、朝起きたときも夜寝る前も、絶対に目にするようにしたのです。そして1年後には、本当に豊かにリタイアしてしまいました。

洗脳を解くには、まずは**「従順な物言わぬ労働者と決別すること」**と**「将来、お金に困らない人生を送ること」**を**宣言**してみてください。きっと脳は突然の路線変更に驚いて、慌ててあなたを願ったとおりの場所に導きはじめるはずです。

本書のテーマである「働かないという生き方」を目指すには、まず学校では教えないお金の勉強をすることと、まわりにいるお金持ちと知り合いや友達になることです。そんなに難しいことではありません。「朱に交われば赤くなる」ということわざのとおり、この

２つをコツコツと続けていくことによって、「働かないという生き方」を手に入れることができると思います。

学校では教えないお金の教養をどう身につけるか？

お金の知識やお金の稼ぎ方、増やし方は、今のところ学校では教えてくれません。文部科学省の学習指導要領には、一応、金銭教育や子供たちに生きる力を育む教育をしようという目標が近年書かれています。ところが、教科書に盛り込まれていないために、先生たちは授業ではまったく教えないのです。

現役の先生にも聞きましたが、やるべきことがあまりにも多すぎて、教科書の内容をやるだけで精いっぱいのため、さらに余計なことまで教えるのは無理とのことでした。そもそも学校の先生ほどお金に対して疎い人はいませんので、お金教育を急にやれといわれても、できないのが実態です。

高等学校学習指導要領改訂のポイントの中で、文部科学省は「職業教育」について次の項目を挙げています。

・就業体験等を通じた望ましい勤労観、職業観の育成（総則）、職業人に求められる倫理観に関する指導（職業教育に関する各専門教科）

・地域や社会の発展を担う職業人を育成するため、社会や産業の変化の状況等を踏まえ、持続可能な社会の構築、情報化の一層の進展、グローバル化などへの対応の視点から各教科の教育内容を改善

・産業界で求められる人材を育成するため、「船舶工学」（工業）、「観光ビジネス」（商業）、「総合調理実習」（専門家庭）、「情報セキュリティ」（専門情報）、「メディアとサービス」（専門情報）を新設

相変わらず、額に汗して働く従順な労働者を育成することがひたすら目標に掲げられています。これでは、お金に関する知識はまったく身につきませんし、「資本主義社会を生きる力」が身につくはずもありません。

そこでお金の教養を身につけるには、どうしたらいいのでしょうか？　**最も手っ取り早いのは本を読むこと**です。お金を貯めるにはどうしたらいいかという本でもいいですし、

家計の節約術に関する本や株式投資に関する本もいいと思います。**不動産投資に関する本は、とくに手当たり次第読んでおく**ことをおすすめします。

サラリーマン大家さんが不動産投資で成功した体験を綴った本は、具体的な工程やどうやってトラブルを解決していったかなどのノウハウが満載なので、すごく参考になります。

私のまわりにいる「働かないという生き方」を実現した方のほとんどは、サラリーマン大家さんから出発されています。株式投資で専業トレーダーになった方もいますが、**サラリーマン大家さんを続けながら不労所得である家賃収入を増やしていくほうがトレーダーとして「働かないという生き方」を目指すよりも何倍も楽だ**と思います。

サラリーマン大家さんへの第一歩をどう踏み出せばいいのか

不動産は多くのサラリーマンにとって人生最大の買い物だといえます。だからこそ、失敗は絶対に許されませんし、なんとしても成功させなければなりません。

まずは本を読んで知識を得ることをおすすめしましたが、ブログやユーチューブなどもリアルタイムな情報がたくさん発信されているので、すごく有効です。もちろん、中には、鵜呑《うの》みにできない情報もありますので、そのあたりは見極める力が必要です。

それと並行して、銀行融資や売買契約、登記、税金、空室対策などで**わからないことや判断に迷ったときに、相談できる先輩大家さんや仲間を見つけること**をおすすめします。全国各地に大家の会がありますし、セミナーや定期的な勉強会を開催している大家の会もあります。高額な入会金や年間コンサルタント料などを徴収しているところは避けたほうがいいと思いますが、大家さん同士がお互いに目標に向かって切磋琢磨《せっさたくま》している団体に加入すれば、安心してサラリーマン大家さんへの一歩を踏み出すことができると思います。

成功しているサラリーマン大家さんや、すでにリタイアして「働かないという生き方」を実践している大家さんも、最初は多かれ少なかれ同じような悩みや不安を抱えて不動産投資を開始しています。あなたが悩んでいる悩みは、一歩先を歩いている先輩大家さんたちもきっと経験しているので、彼らに質問すれば、簡単に解決できるはずです。

できるだけ短時間で、しかも効率よく目的地に到達したいと誰しも思うはずです。それには、**大家の会に入って、徹底的に先輩大家さんを見習い、あとを追いかけるのが近道**だといえます。

初めての不動産投資で一番悩むのは、よい物件を見つけたときに、本当に買っていい物件かどうかの判断です。金額が大きいだけに、ほとんどの人がここで躊躇《ちゅうちょ》してしまいますが、経験豊富な先輩たちに相談できるのなら、こんなに心強いことはありません。

最近は新型コロナウイルス感染の拡大によって、リアルセミナーや物件見学会はなかなか開催できない状況が続いていますが、各地の大家さんの会が主催するリアルセミナーや懇親会で得られる情報は、本などには書かれていない裏情報もあるので、積極的に参加することをおすすめします。

不動産投資と一言でいっても、ボロ戸建てを現金で買っていく方法もありますし、比較的戸数のまとまった1棟物のアパートやマンションをレバレッジを効かせて買っていくやり方もあります。区分マンションばかり好んで投資されている方もいれば、最初から新築ばかり建ててリタイアされた方もいます。駐車場投資や幹線道路沿いの土地を買ってレンタルする方法もあります。自分に合った投資方法を見つけ、まずは最初の一歩を踏み出すことだと思います。

自分でメンターを見つける方法

成功しているサラリーマン大家さんや、すでにリタイアしている大家さんと友達になって、わからないことを教えてもらうのが手っ取り早いという話をしましたが、私が初めて1棟物のアパートを買った2001年当時、サラリーマンでアパート経営をしている人など身近にはまったくいませんでした。

そこで私の場合は、保険会社に出入りしていた代理店でもある不動産業者さんと仲よくさせてもらい、いろいろ教えていただきました。もちろん、ただ一方的に聞くだけではなく、私のほうからは火災保険や施設賠償責任保険の請求テクニックについてアドバイスをしました。不動産投資のことに関しては、いつでも気軽に聞けるようになりましたし、向こうも保険で何か困った問題があったら、真っ先に私に電話をかけてくるようになりました。

2001年当時、私が師匠と呼ぶその方は、千数百戸の賃貸物件を管理していました。その上、テナントビルやラブホテルの所有経験もありましたし、競売物件の落札に関しても過去にさんざん経験してきたと見えて、本当にプロフェッショナルな人です。そんな方に教えを請うことができたのですから、私はかなり恵まれていたと思います。

ほかにも私には、メンターがいます。私が競売に興味を持ちはじめた頃に、不動産業者さんを飛び込みで回っていたのですが、そのときに知り合った業者さんです。この方はすごく話し好きで、スキーもかなりされるということで、すぐに仲よくなり、入り浸るようになりました。競売物件の入札に当たってわからないことをよく教えていただきました。もちろん、教えていただくだけではなくて、競売で落札した物件をこの業者さんに売却してもらったのはいうまでもありません。

不動産業者さんはみんな客を騙してお金儲けをたくらんでいると思っている人が多いかもしれませんが、決してそんな業者さんばかりではありません。豊富な知識や経験に基づいて、適切なアドバイスをしたり、物件を紹介してくれる業者さんだってたくさんいます。カモがネギを背負ってやってくるのを手ぐすね引いて待っているような悪徳業者さんばかりではないので、**信頼できる不動産業者さんを見つけてメンターにしてみましょう**。これが一番手っ取り早く、よい物件をどんどん紹介してもらえる方法だと思います。

サラリーマン大家さんを目指すのが「働かないという生き方」への近道ですので、当然、不動産業者さんとは末永くお付き合いしていくことになります。巷《ちまた》にたくさんある業者さんの中から、どんな業者さんとお付き合いしていくべきかを見極める意味でも、**初期段階で気軽に相談できる業者さんを見つけることは重要**です。

楽して儲ける方法を理解するにはワンルームマンションを1戸買ってみる

なぜ不動産投資が楽して儲かるのか、本を読んだだけでは理解できないかもしれません。それは、人間誰しも実際に経験してないことはわからないからです。

株式投資を始めたいという人から「どうやって始めたらいいですか?」と聞かれることがよくあります。とにかく初めてのことなので、証券会社に口座開設することすらわからないようです。

そんなときは、「まずは証券会社に口座を開いて、早く実際に株を買って取引を開始してみてください。そしたら仕組みがよくわかりますよ!」とアドバイスします。

同じように**不動産投資も、中古の安いワンルームマンションを買って、実際に賃貸してみれば、とってもリアルに不動産投資の仕組みが理解できます。**

少なくとも1年以内には確定申告の期限が来ます。そのときは白色申告でいいので、自分で確定申告をしてみてください。すると、不動産投資で経費にできるもの、できないもの、不動産に関わる固定資産税や不動産取得税、買ったときの契約書に貼る収入印紙（印紙税）や登記の際に支払った登録免許税などの税金のこと、さらに実際には出ていかないけど毎年経費として計上できる減価償却費のことなど、不動産投資の仕組みがよく理解できます。

とりあえず買ってみる物件はボロ戸建てでもかまいません。安い物件をセルフリフォームしてもいいですし、すでに入居者さんが入っているオーナーチェンジの物件でもいいと思います。

不動産投資でお金がどんどん増えていく仕組みは、減価償却という制度があるからにほかなりません。減価償却費は、オーナーが収入から差し引ける経費ですから、この分が毎年積み上がっていきます。経費でありながら、実際には何も出ていかないため、お金は雪だるま式に増えていきます。

この仕組みを理解できているのといないのとでは、雲泥の差があると思います。早くお金持ちになりたい人や、働かないという生き方を目指す人は、減価償却が多く取れる、ある程度年数が経過した中古のアパートやマンションをターゲットにすべきでしょう。建物の構造としては、法定耐用年数の短い木造や軽量鉄骨造を中心に買っていくのがベストなやり方です。

不動産投資で、毎年、減価償却費がどんどん積み上がり、余剰金が増えていく様子は、過去に出版した『不動産投資で資産倍々！会社バイバイ♪』（ダイヤモンド社）に掲載した長期の事業収支と資金収支を見ていただければ、一目瞭然だと思います。「こんなに儲かるんだったら早くやらなきゃ損！」という気持ちに絶対なるはずです。

楽して儲けるには固定費を増やさないこと

コロナ禍で企業も個人事業主も一番困っているのが、固定費の支払いです。

固定費は今回のように売り上げが大幅に落ちたとしても、必ず発生する費用です。事務所の家賃や水道・光熱費、固定資産税、広告宣伝費、減価償却費、保険料、人件費などが主なものです。

とくに家賃と人件費の負担が大きいため、政府は家賃支援給付金や持続化給付金、雇用調整助成金などを準備して、家賃と人件費の支払いをサポートしています。それでも従業員をつなぎとめておくには給料を支払い続けないといけませんので、人を何人も使わないと成り立たない商売は大変だと思います。

これに対して、士業と呼ばれる個人で開業できる業種のみなさんは、１人もしくは奥さんまたはパート従業員さんがいれば十分に仕事をこなしていけます。事業拡大を望まないなら、固定費は最小限で済みます。司法書士さんや行政書士さん、税理士さん、私の同業者である不動産業者なども、自宅を事務所にして１人でやっている方が大勢います。

固定費がかからなくて、しかも仕入れをしなくてもいい、あるいは在庫を持つ必要がない、そして究極は「収入＝粗利」という商売が最強に儲かる事業だと思います。仮に事務員さんも雇わず、自宅の固定電話を携帯電話に転送するようにして１人でやっていたら、ほぼ１００％粗利みたいなものです。

加入している不動産協会が主催する法定研修会に行くと、駐車場にずらっとベンツやBMWなどの高級外車が並ぶのは、やはり不動産業者が儲かっているからにほかなりません。

自宅が事務所であれば、わざわざ満員電車で出勤することもなくなり、このコロナ禍でも、感染するリスクを回避できます。さらに、通勤費や事務所の家賃も必要なくなります。

不動産賃貸業でも、固定費である固定資産税、借入金利子、損害保険料などを極力抑えることは可能です。

私は固定資産税が安い木造アパートしか所有したことがありませんし、金利は現在もすべて1％で借りています。損害保険料もあえて安く抑えるために、事故が発生した場合の免責金額（自己負担額）を5万円とか10万円にすることで保険料負担を減らしています。アパートの定期清掃費についても外注ではなく自分でやることによって、固定費の削減に努めています。

過去において、**景気の波は必ず10年に一度ぐらいのペースでやってきますので、よいときも悪いときも利益を出せるようにするには、固定費を増やさないことが一番**だといえます。

第6章

働かないという生き方

本気で働かないという生き方を目指すには何をすべきか?

まず、すべての投資の基本は「急がないこと」だと理解してください。焦って早く儲けたい、早くお金持ちになりたいと思うと、必ず失敗します。

20代の人なら失敗してもまだ何度かやり直せますが、40代、50代ともなると、やり直す時間がありません。

そこで**一番手堅く確実に「働かないという生き方」を実現するには、投資の種銭となる自己資金を天引き貯金で貯めること**です。**必要な額は最低でも500万円、できれば1000万円程度は欲しいところ**です。

人生の中でひたすら目標に向かって頑張る期間が少しぐらいあってもいいと思います。目標は最低でも年間100万円。そうすれば5年後には500万円貯まっています。

国税庁の調査によれば、日本のサラリーマンの平均年収はだいたい400万円ほどだそうです。

年齢別に見ると、20代前半で300万円、20代後半で400万円、30代前半で500万円、30代後半では590万円、50代前半で700万円くらいになってピークを迎えます。

ぜひ、第2章でも触れた「本多式月給4分の1天引き貯金」を実践してみてください。サラリーマンを続けながらコツコツ自己資金を積み上げていくには、この方法しかありません。独身の方や、自宅に住んで通勤している方は4分の1といわず、がんばれば年収の3分の1でも2分の1でも貯金は可能だと思います。

本章でのちほど紹介するSさんは、パートの奥様と小さなお子さんがいて、住宅ローンもありながら、なんと今でも年収の半分を貯金しています。ご本人の年収は400万円と決して高くはありませんが、順調にアパートを取得していて、現在建てている新築アパート14戸が完成すると「働かないという生き方」が現実のものになる予定です。

まだ20代の方でしたら100万円の種銭が貯まった時点で、株にチャレンジしてみるのもありだと思いますが、30代後半から40代、50代の方には株やFXなどは絶対におすすめしません。年齢の高い人が失敗すると、せっかく苦労して貯めた種銭を失ってしまい、再びチャレンジする時間がなくなるからです。

多少時間がかかったとしても、コツコツ天引き貯金を続けていき、ある程度の年齢に差しかかったら、リスクを取るのではなく、毎月の積立額が少しでも多くなるように、住宅ローンや保険の見直しをしたり、スマートフォンを大手キャリアから格安SIMに変更したり、家計の見直しを徹底的にやってみてください。

不動産投資で「働かないという生き方」を目指すには、どうしても銀行融資を受けてレバレッジをかける必要があります。それには、購入する不動産の最低でも1～2割の自己資金が必要になります。

融資を申し込む前に絶対にやっておくべきこと

一生懸命に貯金して、自己資金がある程度貯まったら、いよいよ物件を探す段階に入ります。

アパートやマンションにはその地域ごとに取引されている相場があるので、**ネット上に出ているものを毎日チェックする**ことをおすすめします。この作業は、物件を買う前、少なくとも1年前くらいからやるべきです。そうすれば相場観をつかむことができます。

自分が買いたいエリアをずっとウォッチしていると、どの程度の価格の物件が何カ月くらいで売れていくのかがわかってくると思います。おそらく、アパートやマンションを買うのは人生で一番高い買い物になるでしょう。値段が高いのか安いのかさえもわからず、スルガバブル（スルガ銀行による積極的な不動産投資への融資）のときに、銀行融資がつくからという理由だけで買った人たちは、今、悲惨な目に遭っているかもしれません。

融資を申し込む前にもう1つやっておくべきことがあります。それは、**車のローンやショッピングローンなどを一括返済**しておくことです。

これから大きなお金を貸してくださいと銀行にお願いに行くのに、小さな借金がいくつもあると、安易に借金を繰り返す人だと銀行に思われてしまいます。仮に自分へのご褒美で、少し高価な時計やバッグを買ったとしても、クレジットカードの一括払いにしておくべきです。そもそも融資を申し込む前に、大きな金額が口座から引き落とされているのはよくないといえます。

最後にクレジットカードを複数枚持っている人は、日頃使わないカードを整理して2枚程度にしておいてください。

とくに注意すべきなのは、年収の多い方でゴールドカードやプラチナカードを持っている方です。こうしたカードでは、利用限度額が300万円とか500万円になっているケースがあります。知り合いが銀行にアパートやマンション購入の融資をお願いした際に、融資担当者から「カードの利用限度額が合計で800万円と高額にされているのはどんな理由からでしょうか？」と質問されたことがありました。この方の場合は、「カード会社から電話で問い合わせがきて、いわれるままに返事をしていたら、利用可能な上限額に設定されたようです」とありのままの事実を伝えたところ、融資が通りました。

融資する側の銀行としては、元々取引のある相手に融資をする場合は、口座の動きを見たり、過去の決算書を見たりすれば融資先の評価を簡単にできますが、初めて取引したいという相手に対しては、当然、慎重にならざるをえません。そこで気になるのは、**お金に対する考え方や付き合い方**だと思います。「この人に大金を貸して、きちんと返してくれるだろうか？」と、銀行は常にそこを見ているのです。

掘り出しものを見つけている人は足で稼いでいる

収益物件を1棟ずつ取得しながら経済的自由を達成するには、効率のよい投資を心掛ける必要があります。買う物件の立地は確かに重要ですが、利回りが低い物件は避けたいところです。最初はとにかく多少郊外でも、地方でもいいので、キャッシュフローがたくさん出る物件を取得することです。

私が基準としてきたのは、1棟取得するたびに通帳に税引き前キャッシュが月30万円以上残る物件です。このような規模の物件を4~5棟取得できれば、あっという間に「働かないという生き方」が実現できます。

最初に買ったアパートは、戸数12戸、総額5000万円の物件でした。毎月60万円くらい口座に振り込まれてきて、返済は23万円程度だったので、私にとってはかなり優秀な「お金のなる木」でした。

当時、金利はまだ高くて1・8%の固定金利でしたが、表面利回りが15%の物件だったので、十分な手残りが出ました。不動産投資では、キャッシュフローが出る物件を、融資を受けて買っていくだけです。これを単純に繰り返していくだけで、簡単に目的地に到達できます。

2年半前に『高卒製造業のワタシが31歳で家賃年収1750万円になった方法!』(ごま書房新社)の著者、ふんどし王子さんのセミナーに参加したのをきっかけに、本格的に不動産投資を始めたMさんという方がいます。実はこの方、優良物件や利回りの高い物件が全然出てこないとみんなが悩んでいるここ数年の間に、利回りが高くてキャッシュフローの出る物件を次々と取得されています。なぜMさんだけが誰もが欲しがるような物件を次々に取得していけるのでしょうか？

本人にその秘訣《ひけつ》を聞いたところ、**毎月、決めた数の不動産業者へ飛び込み訪問**をしていたそうです。もちろん、いきなりアポなしで訪問して、すぐに物件を紹介してもらえることはまれでしょうが、たとえ訪問したときになくても、物件が出てきたときに紹介してもらえる可能性が高くなります。

1人で細々とやっているネットも使えないおじいちゃん不動産業者から高利回り物件が出てきたりしますが、物件が高騰して高値で売れていくことを知らないため、一昔前の価格で値付けしていることが多いのです。そんな業者さんを回ると、オーナーさんも高齢化していて、「そろそろ所有しているアパートを処分して、相続税を払うための現金を用意しておこうか」といった話にときどき遭遇します。

不動産業者は何歳になってもできるので、1人で細々とやっている**高齢の不動産業者さんを中心に飛び込み訪問をするのは、不動産で掘り出し物を見つけるコツ**ではないかと思います。

本気で「働かないという生き方」を目指している Sさんのケース

実際に「働かないという生き方」を目指してがんばっている人の具体的な事例を紹介するのが、一番わかりやすいのではないでしょうか。そこで、Sさんという方にメールで質問を投げかけました。

Sさんは現在41歳で、パートで働いている奥様と小さなお子さんが1人の3人暮らしです。中古住宅をローンで買って現在も返済中です。私が初めてお会いしたときは、どこにでもいるおとなしそうな無口な工場労働者という感じでした。以下、読者のみなさんにも参考になるような質問を投げかけてみました。

質問1　不動産投資に目覚められたきっかけは？

2012年当時、中小企業の製造業で正社員として働いていました。年収は390万円くらい。多くはありませんが、就職氷河期世代の人間としては過去にもっと低い給料でひどいことをさせられた経験もあるため、仕事内容に興味を持てないまま我慢して働いていました。ところが、創業者社長が引退して、営業部長が社長に就任すると、経営コンサルタントを雇って能力主義を掲げ、正社員を追い詰めるようになりました。私も能力が低いとまでいわれました。これまで散々安い給料で会社のために尽くしてやったのに、という激しい怒りがこみ上げてきました。

こいつらを見返してやるという強い怒りの中、会社帰りに立ち寄った近所の書店に『一生お金に困らない個人投資家という生き方』という本が目に入ったのです。すぐに買って帰り、家で貪《むさぼ》るように読んだ結果、今の苦境から抜け出すにはこれしかないという強い思いを感じたのが不動産投資に目覚めたきっかけです。

ちなみに2009年にも『億万長者より手取り1000万円が一番幸せ‼』という本を読んでいて、身近にこんな人がいることが励みになり、吉川さんに連絡を取って深く学ぼうと思いました。

元々、大学時代の2000年に『金持ち父さん貧乏父さん』（筑摩書房）も読んでいましたし、本田健さんや橘玲《たちばなあきら》さんの本も読んでいました。若いときからサラリーマンだけではダメだと思っていましたが、当時はまわりに投資のアドバイスをくれる人もいなかったし、ヘタに親族に相談したら反対されるだけでしたから、何かしたいが何をすればよいかわからないという状態でした。

ただ、その間に将来の投資の資金として貯金だけはしようと、22～32歳までの10年で1000万円以上の貯金をしました。いよいよ投資を始めようという人生の節目のタイミングで、吉川さんの本が目の前にドンピシャと現れたのです。

質問2

初めて物件を取得されたのはいつ？

2014年2月末で、当時の年齢は34歳でした。2012年2月から物件をいろいろ探しましたが、なかなか買えず、このとき、ようやくスタートしました。初めて物件が取得できたときの年収は390万円で、まだ転職をしていませんでした。

物件のスペックは以下のとおり。

- **重量鉄骨造折板葺2階建てアパート**
- **2008年築（購入時5年9カ月経過）**

●1LDK43㎡　6室
●2DK51㎡　2室
●購入金額4950万円
●自己資金は貯金1500万円のうち1000万円を使用
●借入金額4300万円、元利均等22年返済
●金利当初3年固定1・9％（金利交渉を行い、現在は5年固定1・2％）
●月間家賃収入50万5000円（年間606万円）
●返済月額18万7000円（年間224万4000円）

質問3　退職して転職されたのはいつ？

2014年8月に退職し、9月から再就職しました。1棟目が取得できたので、これで会社を辞める決断ができました。いったん会社を辞めると、銀行融資を受けるには少なくとも新たに3年間の勤続年数が必要だと聞いていたので、早く辞めて勤続年数を改めて積もうと考えました。

質問4　2棟目の取得時期や物件のスペックを教えてください

2棟目は土地から取得して木造2階建てアパートを新築しました。1棟目を取得した2014年2月から3年半以上経過し、当時残しておいた自己資金500万円と1棟目の家賃が500万円ほど口座に貯まっていたので、自己資金1000万円を入れて38歳のときに新築購入を決断しました。

物件のスペックは以下のとおり。

- 木造合金メッキ鋼板葺2階建てアパート
- 2018年新築
- 1LDK31㎡　6室
- ワンルーム26㎡　4室
- 土地代1280万円（160坪）

●建築費4980万円
●自己資金1000万円
●借入金額5500万円、元金均等22年返済
●金利当初5年固定1・3%
●月間家賃収入54万2000円（年間650万4000円）
●返済月額26万5000円（年間約318万円、元金均等なので毎月返済総額は減っていきます）

質問5 3棟目の取得時期や物件のスペックを教えてください

2018年に新築した2棟目から2年経過し、また自己資金が貯まったので、そろそろもう1棟欲しいと思っていた矢先に、格安の土地情報を紹介してもらいました。富山市内のライトレールという人気路線の駅まで徒歩10分以内の場所で、坪単価3万円弱という格安価格でした。仮に融資がつかなくても、すぐ倍ぐらいで転売できると判断し、現金で買うことを決断しました。

前回の新築から2年経過していたので、自己敷金は約1300万円ぐらいにはなっていました。建築費の部分については、すぐに銀行から融資の返事がきました。土地代と地盤改良費、仲介手数料、登記費用などの諸費用を含め、939万円を自己資金として入れました。

物件のスペックは以下のとおりです。14戸なので、家賃も大きく増える予定です。

- 木造合金メッキ鋼板葺2階建てアパート
- 2021年2月完成予定
- 1LDK34㎡　14室
- 土地代800万円（269・89坪）
- 建築費7560万円
- 自己資金939万円
- 借入金額7600万円、元金均等22年返済
- 金利当初5年固定1・5％
- 月間想定家賃収入79万7000円（年間956万4000円）
- 返済月額38万3000円（年間約459万円、元金均等なので毎月返済総額は減っていき

ます）

質問6 **全体の借入総額はいくらですか？**

1棟目4300万円＋2棟目5500万円＋3棟目7600万円＝1億7400万円です（現在の残債は1億5768万円）。

質問7 **全体の年間家賃収入はいくらですか？**

家賃から銀行返済分とランニングコストと固定資産税まで全部を引いて、1棟目280万円＋2棟目235万円＋3棟目360万円＝875万円（税引き前手取り家賃ベース）になります。

質問８
口座に振り込まれた家賃には基本的に手をつけない主義だそうですが？

基本的には手をつけていません。給与から貯金した分と家賃の貯金の一部、５００万～６００万円くらいを使って株に投資していて、株主優待と配当狙いで運用しています。配当金が毎年20万～25万円入ってくるので、そのお金で毎週日曜日の夜は安いチェーン店ですが外食をしています。料理をつくらなくていいので、妻は喜んでいます。

優待品はクオカードやカタログギフト、お米券、ギフトカード、外食チェーンの食事券、靴屋の値引き券、服の値引き券、図書カードなどいろいろもらっています。

また、家賃収入が増えて所得税や住民税の金額がすごく上がったため、ふるさと納税をフル活用することにしました。米は1年分もらっていますし、ほかに海産物、果物、肉類など、かなり食費が節約できることがわかってきました。お金を使わなくてもけっこう贅《ぜい》沢《たく》に楽しく暮らせていると思います。

質問９

宅建に合格されていますが、今後のサラリーマン卒業や開業のめどは？

宅建試験は２００８年に初めて受験して、合格ライン33点に対し30点しか取れませんでした。当時はユーキャンの通信講座で1年かけて勉強しましたが、ダメでした。その後、体調を崩したりいろいろあって、２０１２年に今度は独学で2回目の試験を受けました。結果はまたしても合格ライン32点に対して31点とわずか1点差に泣きました。

２０１８年に3度目の正直で、吉川さんおすすめの『らくらく宅建塾シリーズ』のテキスト、過去問、模擬試験をすべて買い、ひたすら勉強しました。結果は合格ライン37点に対して42点と圧倒的点数で合格できました。２０１９年2月に登録実務講習を受けて宅建士証を取得済みです。

今後については、２０２２年に4棟目の新築アパートを融資を引いて建て、翌年の２０２３年3月には満室になると思うので、その頃、サラリーマン卒業を想定しています。実は来年1月に現在建築中のアパートが完成したら、不動産屋さんで修業をしたいと思っています。1～2年学んだあと、1人で独立開業するつもりです。現在41歳ですので、43歳でサラリーマン卒業の予定です。

サラリーマン卒業後は、家賃収入を得ながら不動産屋として仲介手数料を稼ぎ、さらに株式配当と優待品、売却益を得ながら、楽しく過ごしていこうと考えています。

セミナー懇親会で人生が変わったMさんのケース

２例目として、高校を卒業し、その後、何度か転職を繰り返したあと、26歳のときに自動車ディーラーに中途採用で就職したMさんのケースをご紹介したいと思います。

私が初めてMさんにお会いしたのは、２０１７年11月に開催された『高卒製造業のワタシが31歳で家賃年収１７５０万円になった方法！』の著者、ふんどし王子さんの出版記念セミナーです。その後、２０１８年5月に最初の木造中古アパートを取得すると、年間２棟取得を目標に不動産業者さんへの飛び込み訪問営業を展開し、融資が厳しい状況の中でもフルローン等を受けて、驚くような利回りの物件を次々に取得されています。

セミナー受講からわずか2年９カ月で税引き前手取り家賃１４９５万円を実現し、「働かないという生き方」がいつでもできる状況をつくり出しました。物件がない、融資が全然つかない、どこの不動産屋に行っても門前払いされると、あきらめている人が多いと思いますが、探せばちゃんといい物件はあり、銀行もいい条件で融資してくれることをMさんは証明しています。ぜひ物件の見つけ方も含めて、参考にしていただければ幸いです。

質問1 不動産投資に目覚めたきっかけは？

友達から誘われて2017年11月にふんどし王子さんのセミナーを受講したことがきっかけです。セミナーを聞いてサラリーマンの私でも不動産投資で経済的自由を達成できるとわかりました。その後の懇親会には50人ぐらいの方が参加されていたと思いますが、いろいろな方とお話ししていく中で、参加者の多くが現状に不満や不安を感じていて、不動産投資を通じて自分を変えたいという人たちが集まっている場だということを強く感じました。

私もぜひその1人になりたいと思い、本気で不動産投資にチャレンジすることを決めました。

その後は、『金持ち父さん貧乏父さん』などの本をたくさん読み、他人や会社に縛られない自由な生き方を目指し、手取り1000万円を目標に物件取得に向けて活動を開始しました。

質問2

1棟目を取得されたのはいつ？

ふんどし王子さんの出版記念セミナーがあった翌年、2018年5月に取得しました。かぼちゃの馬車やスルガ銀行問題で融資の引き締めが始まってきた時期で、一刻も早くスタートさせなければいけないと気持ちは焦るばかりでした。何件か買い付けを入れましたが、常に2番手……。銀行に行っても融資の相談になかなか乗ってもらえない中、ネットで見つけた築10年の木造アパートをやっとの思いで購入することができました。次のような物件です。

- 木造合金メッキ鋼板葺2階建てアパート
- 2008年築
- 3LDK（65・25㎡）×9室

●購入金額５３００万円

●自己資金５００万円

●借入金額４８００万円、元金均等16年返済

●金利当初５年固定１・３％

●月間家賃収入60万９０００円（年間７３１万円、利回り13・79％）

●返済月額29万５０００円（年間３５４万円）

1部屋空室の状態で購入しましたが、すぐに2部屋の退去が発生し、いきなり窮地に立たされました。

部屋の磨き上げやステージング、ＰＯＰの掲示、駐車場の白線引き、外壁の清掃、草むしりなどをすべて自分で行い、見た目の印象をきれいにしたところ、3カ月後には満室にすることができました。

質問３

２棟目の取得時期やスペックを教えてください

最初の物件を取得してからちょうど1年後に、仲よくなった不動産業者さんから紹介してもらいました。場所はやや田舎ですが、需要に対して物件数が少ないブルーオーシャンな場所で高利回りの物件を取得できました。

スペックはこのようになります。

- 木造スレート葺２階建てアパート
- １９９８年築
- ２ＤＫ×４（41・47㎡）、１Ｋ×２（32・50㎡）
- 購入金額１３５０万円
- 借入金額１３５０万円、元金均等15年返済
- 金利当初２年固定１・７％（団信込み）
- 月間家賃収入25万９０００円（年間３１０万円、利回り22・９％）
- 返済月額９万３０００円（年間１１１万円）

これも1部屋空室の状態で購入しました。田舎ながら近くに町役場、病院などもあって立地はよく、賃料アップで募集していたにもかかわらず即入居です。現在も満室の安定物件となっています。

質問4 3物件目取得時期やスペックを教えてください

2020年に入って加速度がついてきました。1月には、日課にしている物件情報サイトの検索中に、BITという不動産競売物件情報サイトに自宅の隣の家が掲載されているのを発見し、運よく落札することができました。以下はその物件のスペックです。

- 木造瓦葺2階建て戸建て
- 1975年築
- 延べ床面積109・69㎡
- 落札金額220万円

●現金買い

●月間家賃４万円（年間48万円、利回り21・８％）

隣の家なので昔からよく知っています。訳あって自宅が競売になり、ご本人は退去を覚悟していたようですが、事情をうかがい、賃貸条件を詰めて格安で賃貸することにしました。その方からは大変感謝され、賃貸業を通じて社会貢献ができたと実感しました。

質問５　４物件目の取得時期やスペックを教えてください

２０２０年２月には初めてソシアルビルを取得しました。この物件は宅建士取得の際に勉強を指導してくれた不動産業者さんからの紹介でした。小さいビルだけど、収益率抜群だといわれ、急遽《きゅうきょ》、法人を設立して購入しました。スペックは次のとおりです。

●木造瓦葺２階建てソシアルビル

●１９６０年築

- 貸室3室
- 購入金額830万円
- 借入金額830万円、元金均等7年返済、金利2・25％（日本政策金融公庫）
- 月間家賃収入28万円（年間336万円、利回り40・4％）
- 返済月額11万5000円（年間138万円）

ソシアルビルは銀行では借り入れが難しいため、日本政策金融公庫を利用。購入時は1室が空室でしたが、紹介いただいた不動産業者さんからすぐ埋めてあげるよといわれ、3月には入居が決定。現在は満室稼働中です。

質問6　5物件目の取得時期とスペックを教えてください

ソシアルビルを買ったわずか1カ月後の2020年3月に、私にとって奇跡ともいえる物件と出会いました。これまで足で情報を稼いできた私にとっては最高のお宝物件だと思います。

なんと売主さんが不動産業者さんに売却依頼をしたその日に、たまたま私が飛び込み訪問したのです。業者さんがマイソク（物件の概要などをまとめた資料）をつくっている最中だったので、未完成のマイソクをもらって現地確認に行きました。その場で即買い付けを入れ、売主側の業者さんに考える余裕も与えず、承諾を取り付けた案件です。物件を何件も見ていると、自分の目利き力も上がり、見た瞬間、これはいけると確信できるようになります。そのおかげでスピード買い付けができるようになりました。

あとで確認して驚きましたが、購入金額2000万円に対し、土地建物の固定資産評価は5500万円もしています。完全に不動産業者さんの値付けミスだと思いますが、瞬時に決断できるようになった成果だと思います。

●鉄骨造3階建てテナント付きアパート

●1991年築

●延べ床面積（578・31㎡）1K×9室、2K×1室、テナント3室

●購入金額2000万円

●借入金額2000万円、元金均等15年返済、金利2年固定1・3％

●月間家賃収入56万円（年間672万円、利回り33・6％）

●返済月額13万円（年間１５６万円）

質問７　６物件目の取得時期とスペックを教えてください

仲よくさせてもらっている不動産業者さんを通じて２０２０年６月に、これまで興味のなかった区分マンションのお話がありました。富山駅前徒歩１分という好立地でもあり、購入することにしました。

●鉄筋コンクリート造
●１９８６年築
●床面積41・２㎡、１ＬＤＫ
●購入金額２００万円
●現金購入
●月間家賃収入５万７０００円（年間68万４０００円、利回り34・２％）

質問8　7物件目の取得時期やスペックを教えてください

この物件も2020年8月に、仲よくしてもらっている不動産業者さんからの紹介です。本当は、ほかの投資家さんに譲る予定だったのですが、融資がつかなかったとのことで、急遽、自分が譲ってもらえることになりました。スペックはこちらです。

- 木造合金メッキ鋼板葺2階建てアパート
- 2012年築
- 1LDK8室、1ルーム4室
- 購入金額5830万円
- 自己資金430万円
- 借入金額5400万円、元金均等17年返済
- 金利当初2年固定1・5％
- 月間家賃収入62万円（年間744万円、利回り12・76％）

●返済月額33万円（年間396万円）

市内中心地にも近く、総合病院、駅、ショッピングセンターなどが徒歩圏内にあり、アクセスもいい物件です。まだ築8年ということもあって、室内も新しく、現在満室です。12戸あるので、キャッシュフローの拡大に弾みがつく物件を購入できたと思います。

質問9　全体の借入総額はいくらですか？

4800万円＋1350万円＋830万円＋2000万円＋5400万円＝1億4380万円（現在の残債は1億3500万円）です。

質問10　全体の家賃収入は？

家賃から銀行返済とランニングコスト、固定資産税を引いて、年間1495万円（税引き前手取り家賃ベース）です。

質問11　次々に高利回り物件を取得できた秘訣は？

私が不動産投資をスタートさせた時期は、かぼちゃの馬車やスルガ銀行による不正融資問題が起き、金融庁指導による融資引き締めが行われ、不動産投資を始めるには逆風の状況でした。不動産ポータルサイトを日々見ていても、優良物件はほとんど見つかりません。たまにいいなあと思える物件がアップされると、取り合いになって、優良物件が買えるどころか、ヘタをするとババ物件をつかんでしまう危険すら感じた時期でした。

いつものようにサイトを見て、不動産業者さんに問い合わせをし、内見して、情報を得るために業者さんといろいろ話をするのですが、あるとき、かなり面倒くさそうに思われているように感じました。不動産業者からすると、買うかどうかわからない客に資料を準備し、内見に立ち合い、買主のうんちくを聞かされるのは大変な負担です。しかも、買い付けを出されても、融資が通らなければ購入には至りません。時間と労力の無駄感は半端ないと思います。

私は仕事で自動車の販売をしていますが、このお客様は長くお付き合いできる方か、面倒くさい客かを見ています。面倒くさいお客様は、値引き交渉などで得をするように見えますが、有益な情報などは当然入ってきません。有益な情報は、いいお客様に優先的に届けますので、さらにいい関係が生まれてきます。実は、この考えを物件購入に生かそうと思い、不動産業者さんとのいい関係づくりに取り組みました。

ふだんは外回り営業をしているので、移動しながら不動産業者の店舗を見つけては、ふらっと飛び込みます。訪問の真の目的はいい関係をつくれそうかどうかの確認です。最初から収益物件を探していますというと、毛嫌いされる業者さんも多いので、とりあえず世間話をしながら仲よくなって、作業のお手伝いなどをしながら、相手の懐《ふところ》に入れるように絆づくりをしました。

あるとき、管理物件の草むしりや掃除のお手伝いをするまで仲よくなった業者さんから、「売主にアパートを売却するように交渉してあげるから」といわれ、利回りも高くて客付けにも困らない超優良物件を紹介していただきました。この業者さんには今でも感謝しています。

ほかの高利回り物件については、不動産業者さんの看板を見つけては飛び込み訪問を繰り返すという、手当たり次第に実施したローラー作戦の成果だと思います。まだ値段をいくらにするか決めていないような物件や、マイソクもつくっていない仕入れたばかりの物件情報をいち早く見つけることができたのが大きかったと思います。

質問12

宅建に合格されていますが、今後のサラリーマン卒業や開業のめどは？

宅建は、2018年3月に吉川さんが出版された『人生、楽に稼ぎたいなら不動産屋が一番！』に刺激を受け、不動産屋で独立することや、不動産投資の知識向上を目的に、2019年にチャレンジしました。生まれて初めてと思うくらいがんばって勉強した甲斐あって、2019年の試験で合格点35点に対して37点で合格できました。

今後のサラリーマン卒業については、不動産投資で目標にしていた手取り1000万円が確保でき、宅建試験にも合格したので、いつでも卒業可能な状態になりました。現在、仲よくしてもらっている不動産業者さんのところで、重要事項説明書や売買、賃貸の契約書の作成を無償でお手伝いしながら、独立・開業に向けて実践的な不動産取引の勉強をさせてもらっています。

現在勤めている会社については、新型コロナウイルスの影響で自動車販売の業績も大きく低下しており、ボーナスカット、営業手当カットの話が出ているので、今後は給料カットが行われたり希望退職者を募集する流れになると予想しています。２０１７年11月から始めた不動産投資と宅建士の資格取得によって、いつ辞めろといわれても、なんの心配もなくなりました。むしろ今、会社を辞めるベストなタイミングを見計らっているところです。

会社を辞めるタイミングとしては、①やりたいことが見つかったとき、②会社が希望退職者を募集したとき、③会社から不当な人事異動や配置転換、出向などを命じられたときだと思っています。

一番の希望は、会社が希望退職者を募ったときに、真っ先に手を挙げて喜んで退職し、新しい生き方をスタートさせることです。これが今の目標です。

第7章

働かないという生き方を続けるために守るべき鉄則

変わる世の中、変わらぬ鉄則

これまで書いてきたように、働かないという生き方を実現するのはそんなに難しいことではありません。その証拠に、投資関連の書籍などで刺激を受けて経済的自由を得た方々が全国にたくさんいます。また、私のまわりでは、「サンデー毎日倶楽部」に集まってきたメンバーが次々にセミリタイア生活に突入しています。

つまり、**不動産投資によって「働かないという生き方」を目指すことは再現性がかなり高い**といえるのです。たまたま時代がよかっただけだという意見もあると思いますが、前章で紹介したMさんは、物件価格がピークを迎えて銀行融資が厳しくなった時期に始めて、成果を上げていいます。

働かないという生き方を実現するには、「地道にコツコツ天引き貯金を続けること」と「不動産業者さんを回って、利回りの高い物件をレバレッジを効かせて買うこと」だけです。

自己資金が貯まるスピードは、アパートを1棟買うたびに家賃分が加算されるので、レバレッジ効果とも相まって自然と加速していきます。これをただ繰り返すだけです。

不動産を取得してレンタルする不動産投資の手法は、２５００年前のギリシャで始まったといわれています。日本では、江戸時代に商人が土地を買って長屋を建て、江戸に集まってくる人たちに住居を提供したのが始まりだといわれています。

長い不動産賃貸業の歴史において、住まいを貸して家賃をいただくという手法は全世界どこでも行われているビジネスです。そして、**貸主である大家さんがお酒におぼれたり、女性に狂ったり、ギャンブルにはまったりさえしなければ、代々続いていく商売です。**大きくボロ儲けできる商売ではないかもしれませんが、きちんと定期的に修繕したり、退去後のリフォームを怠らなければ、毎月決まった家賃が振り込まれてきます。

住まいを貸して家賃を毎月いただくという至ってシンプルなビジネスシステムですが、地道な経営を続けていける大家さんにとっては、長期にわたって安定収入をもたらしてくれる商売なのです。

新型コロナウイルスによって、世の中は大きく変わってしまいました。今まで当たり前だった日常が非日常になってしまいました。年配の方々が毎日楽しみにしていたカラオケ喫茶でクラスターが発生したり、たまたま乗った飛行機の後ろの席が感染者で前の席の人まで感染してしまったり、人が密閉空間に多く集まると、簡単に感染してしまうため、外食や旅行や、スポーツやコンサートなど、あらゆる分野に多大な影響が出ています。そんな中、私の周囲の働かないという生き方を楽しんでいる大家さん仲間については、なんの影響も出ていません。人が生きていく上で必要なのは「衣」「食」「住」だといわれています。リアル店舗を構えている「衣」と外食専門の「食」は相当厳しいですが、食品スーパーや住居系賃貸不動産はなんら影響を受けていない業種だといえます。

世の中はどんなに変わっても不動産賃貸業というビジネスの鉄則は変わりません。働かない生き方には不動産賃貸業が一番マッチしているのです。

向こうから寄ってくる人や情報には要注意！

私は2006年にサラリーマンを卒業して、働かないという生き方を始めてからすでに14年が経過しました。その中で経験したことは、きっとみなさんにも起こりうることだと思います。

多少お金を持っていると察せられると、まず「マンション買いませんか？」の電話がかかってきます。また、マンションの転売業者からは「現在お持ちのマンションを今だったら買いたいというお客様がいます。特別高い値段で売れますが、売却されませんか？」という電話があります。内容を聞くと、必ず中間省略で売買するといってきます。つまり、物件を安く仕入れてエンドユーザーに高く売るという、他人のふんどしで相撲をとるような業者がほとんどなのです。

ほかには、「めったにこんな銘柄は出ません。値上がりが期待できそうなＩＰＯ銘柄があるので投資されませんか？」という話や「海外の投資信託なら年間のリターンが10％程度出ていますよ！」という話も、証券会社の営業マンがよく持ってきます。あとは銀行の担当者さんや支店長が保険や投資信託のパンフレットを持って営業にやって来ます。

これらは、すべてあなたからお金を奪い去っていく人たちですから、とくに必要ない場合は断ったほうが賢明です。

このほかにも、詐欺まがいの投資話を信じ込んで、あなたのために、そんな情報をわざわざ持ってくる人が必ずいます。とくに、友達や親戚のような親しい人たちがなんの疑いもなく信じて、誘ってくるので、注意が必要です。

第2章でも触れた、お金を貸してほしいという人たちも必ず寄ってきますので、金回りがよくなったら要注意です。仲のいい友達や恋人から「必ず返すので……」と、数十万〜数百万円くらいの借金を頼まれたら、断れないと思います。でも、仲のいい友達や恋人にまでお願いするということは、相当、切羽詰まっている状況なので、**貸したら返してもらえないと思ったほうがいい**です。

そもそも人からお金を借りるタイプの人は、もともとお金に対してルーズな人か、いつも使ってしまい、お金のコントロールができない人だといえます。ブランド品ばかり買っている買い物依存症か、パチンコや競馬などにはまっているギャンブル依存症か、どちらかのケースが多いと思います。

日中、家にいると、宗教の勧誘もしょっちゅう来ますが、気をつけたいのは、身内がはまってしまうケースです。本人はすばらしい教えだと思って一生懸命なのですが、壺を買ったり、絵画を買ったり、宝石の展示会に行ったりと、高額商品を買うはめになります。宗教は決まって高額なお布施や商品の販売で成り立っています。

基本的に、向こうから近寄ってくる人物や情報は要注意だといえます。

不動産依存症にならないように！

サラリーマンをリタイアして働かないという生き方を実現するまでは、一生懸命に節約して、自己資金を意欲的に貯めることが多いのですが、いざ毎月数百万円以上の自由になるお金を得るようになると、**無駄遣いに走る人が多い**と思います。

無駄遣いというのは、単に高級車を買ったり高額なブランド品や時計を買ったりすることに限りません。**安いと思う不動産を手当たり次第に買ってしまう「欲しい欲しい病」**にかかってしまう人が圧倒的に多いのです。

世間的には「買い物依存症」という病気が認知されていますが、それの不動産に特化したパターンだと思ってください。

不動産投資家は、毎日、ネットにアップされる物件をリタイアしたあとも常に見ているので、安いと思える物件を見つけると、いつもの癖ですぐに現地を見に行って、すぐに買い付けを入れてしまいます。安ければなんとかなるという安易な考えで買ってしまい、ボロ戸建てやボロアパート、古い区分マンションやテナントビル、駐車場や更地がいつの間にか増えていきます。これらがみんなちゃんと稼働して、すべて収益に結びついていればいいのですが、安く手に入れたことに満足してしまい、リフォームもせず、不良在庫になっているケースを多く目にします。

安い物件が出たら買いたくなるのは、投資家としての本能ですから仕方ありません。ですが、すぐに収益化できない物件は買うべきではないのです。

いい物件を見つけても、グッとこらえて我慢したり、見送ったりする勇気が必要です。常にお金がないといっている方が私のまわりにも多いですが、借金している額の3割くらいのキャッシュをいつも手元に置いておく癖をつけないと、いつまでたっても自転車操業から抜け出せません。固定資産税が払えなくなって差し押さえでもされようものなら、銀行からも相手にされなくなるので注意が必要です。

手元にお金があると、あっという間に使ってしまうのは投資家としての悪い癖だと思います。それよりも、「休むも相場」という格言があるように、しばらく買うのをやめる勇気を持つことによって、より大きな自己資金をつくり、次の投資で大きな買い物をすることも可能になります。

第4章で黒字倒産の話をしましたが、決算では黒字が出て、税金もたくさん納めているのに、いつも手元にお金がないという状況に悩むようになったら要注意です。法人も個人も儲かった年の翌年は、中間申告で納める予定納税額がドーンと増えるので、納税資金を残しておかないと大変な目に遭います。**儲かったときほど、口座にお金をしばらくプールしておかないといけない**のです。

お金持ちが散財するパターンは「飲む、打つ、買う」と決まっている

人はお金に余裕ができると、快楽に走るようになるのは世の常です。毎月、器からお金があふれ出してくる状態なのに、質素倹約に過ごすのは実はとても難しいのです。

人生を楽しむために苦労して、お金があふれてくる仕組みづくりを懸命にしてきたわけですから、あふれてきた分は楽しむために使っていいと思います。もちろん、自己資本比率を高めることをおろそかにしたり、近い将来訪れるデッドクロス（借金の元金返済額が減価償却費を上回ってしまうこと）に備えることを怠ったりしてはいけませんが、旅行や趣味やおいしいものを食べることにお金を使うようにすれば、豊かな人生を楽しめると思います。

問題は、度がすぎるとよくないということで、わきまえて使う分にはまったく問題ないと思います。

ただし、生活レベルを急に上げるようなことだけはしないようにしましょう。『宝くじで1億円当たった人の末路』（日経BP）という本がありますが、「働かずして得た大金＝

不労所得」は、必ずといっていいほど人を不幸にします。極端なケースでは、宝くじが当たったために殺されてしまった例さえありますので、**いかに今までどおりの生活を平常心で続けられるかが「豊かで幸せな人生」を送るポイント**だと思います。

学生時代に起業して六本木ミッドタウンの超高級タワーマンションに住み、「秒速で1億円稼ぐ男」としてメディアに頻繁に登場していた与沢翼さんをご存じでしょうか。ロールス・ロイスの最高級車ファントムやベントレー、フェラーリなど何台もの高級車を新作が出るたびに乗り換え、借りていた5つの高級タワーマンションの家賃は月800万円にも上り、夜遊びと女性たちに使うお金も半端な金額ではなく、一晩に1000万円使うこともあったそうです。本人の近著『お金の真理』(宝島社)によると、このようにお金をひどくいい加減に扱っていたため、次第に情報商材ビジネスの売り上げも頭打ちになっていき、最終的には法人税滞納によって会社を解散せざるをえなくなったといいます。その結果、手持ちの資産や物品をすべて売り払ってギリギリで税金を納め、西新宿の家賃15万円のワンルームマンションに逃げるように引っ越したそうです。

一度どん底を味わい、その後再び投資の世界で成功して復活したとのことですが、このような話を聞くと私はいつも平家物語の冒頭に出てくるあの有名な書き出し部分を思い出します。「祇園精舎の鐘の声、諸行無常の響きあり。沙羅双樹の花の色、盛者必衰の理《ことわり》をあらはす。おごれる人も久しからず、ただ春の夜の夢のごとし。たけき者も遂にはほろびぬ、ひとへに風の前の塵《ちり》に同じ」。まさに人の世の常だと思います。

不動産投資で失敗する人の特徴

事業家でも投資家でもそうですが、失敗する人には共通の特徴があります。それは、ここまで何度も本書で触れているように、勢いに任せて自分の足元を見ていないということです。こういうタイプは危険です。

とくに商売で調子のいいときには、出店するたびに売り上げが伸び、利益も上がります。銀行もどんどん「どうぞ、どうぞ、借りてください」と融資をしてくれます。本当はこういう調子のいいときこそ、売り上げが落ちたり、原材料や人件費が上がった場合のことを考えて、手元資金を厚くするチャンスなのです。

今回のコロナ禍では、飲食業を中心に、わずか３カ月しのげる程度の余裕資金しかない経営者が多かったそうです。日頃、いかに内部留保を積み上げていなかったかがよくわかります。

失敗するタイプの不動産投資家は、フルローンやオーバーローンでほとんどの物件を取得しています。自己資金が少ないにもかかわらず、無理やり融資を引っ張っているため、空室が出たり大きな修繕費が発生したりした場合に、資金が枯渇してしまい、対応することができません。

不動産投資は比較的安全な投資だといわれていますが、元利均等返済で高い金利の借り入れをした場合や、返済比率が5割を超えている場合は、リスクの高い投資になってしまいます。

1億円以上のロットの物件や3億円以上もする物件を買っている人を見かけますが、はっきりいって、安全に運営するには、本来なら2〜3割の自己資金を投入する必要があります。スルガバブルの際には、このような高額物件もフルローンやオーバーローンで購入することができました。しかも4・5%もの信じられない金利で借りていたのですから、爆弾を抱えているようなものだったと思います。

消費者金融会社のコマーシャルやホームページにも「借りすぎに注意しましょう」「ご利用は計画的に!」と書いてありますが、**サラリーマンが身分不相応な多額の借金をすることは大きなリスクを抱えることになります。**

満室で家賃がうまく入っているときは気づきにくいですが、リーマンショックのときのように、派遣会社が入居している社員を一斉に引き揚げたり、水害で1階が水没したりすると、いきなり入居率が半分以下になることだってあります。

不動産投資をやりはじめてうまく回り出すと、どんどん物件が欲しくなります。**人の欲望には、実はキリがありません。**その結果、投資にはリスクが潜んでいることを忘れて規模拡大に走ってしまうのですが、老子の処世哲学にあるように**「足るを知る」ことが不動産投資や事業では一番必要なこと**なのではないでしょうか。

リタイア後は「貯筋」が一番大切

せっかく経済的自由とあり余る時間を手に入れても、健康を維持できなければ人生を楽しむことができません。働かないという生き方を始めると、極端に太りはじめるか、痩せはじめるかのどちらかです。

これまで毎日出勤していたのに会社に行かなくなりますから、普通は歩かなくなる分、エネルギーを消費しなくなります。私もリタイアした当初は一時的に太りました。

リタイアしても運動はしませんから、そのうち足や腕の筋肉が極端に落ちていきます。

私が日頃からウォーキングやランニングをしているのは、筋力を維持するのが目的です。私は「アミノバリューランニングクラブ」という会に入っていて、そこで練習をしています。夏の暑い時期や冬の寒い時期の練習はかなりつらく感じることが多いです。でも、運動を続けているおかげで、コレステロール値も低く、血液検査や肝機能もまったく異常がありません。

リタイアして働かないようになると、ほとんどの人は、家の中で椅子に座ってパソコン画面を朝から晩まで見ていたり、寝転がってスマホを見ていたりすることが多いため、足や腕、体幹を鍛えないと、健康を維持できなくなります。

リタイアするまでは必死に「貯金」をしてほしいですが、**めでたくサラリーマンを卒業したあとは、筋肉を体に蓄える「貯筋」にひたすら励んでください。**

せっかく豊かにリタイアできても、健康でなければ、なんの意味もありません。私のまわりにはリタイアして「サンデー毎日」になった仲間がたくさん増えたため、みんなでホノルルマラソンにチャレンジしました。ほかにも毎年のようにハワイや沖縄、北海道でゴルフを楽しんだり、沖縄の慶良間諸島でダイビングをしたり、長野の白馬八方尾根や新潟の苗場でスキーを楽しんだり、アクティブな人生を楽しんでいます。

日本では、とくに高齢者を中心に医療費の高騰が止まりませんが、みんなが健康を意識して「貯筋」に励めば、健康寿命（健康的に生活できる期間）は劇的に伸びるはずです。

私の所属するランニングクラブには80歳という年齢にもかかわらず、フルマラソンにチャレンジするために欠かさず練習に参加されている方がいます。20代の若者と同じように400メートル10本とか1000メートル5本という超ハードな練習メニューをがんばってこなしているのには頭が下がります。

人生において、誰がなんといおうと、一番大切なのは自分自身の健康です。がんばって見事に「働かないという生き方」を手に入れたなら、それを続けるためにも、ぜひ運動の習慣を身につけてください。人生を楽しむためには「貯筋」をすることだと思います。

おわりに

本書を手に取っていただきまして誠にありがとうございます。

2020年という年は、本来なら日本にとって記念すべきオリンピックイヤーになるべきだったのですが、突然襲来した新型コロナウイルスという見えない敵と戦うことになってしまいました。平和の祭典であるオリンピックが戦争以外で延期や中止になったのは今回が初めてのことです。

私たちは毎日朝起きて会社に行くのは当たり前だと思っていました。ところが、コロナウイルス感染拡大によって会社に行かないで家でテレワークすることが日常になった人が増えたように思います。

会社に出勤しないことに慣れてしまうと、家で子供や家族と過ごす時間が圧倒的に増えます。きっと「もう満員電車に乗って会社になんか行けない」と思った人も多いのではないでしょうか。そして、働かなくても収入さえ得られれば、どんなにいいだろうと思われた人もいるのではないでしょうか。

人生、何が起きるかわかりません。それを回避する手段として、サラリーマンをしている今のうちに、一生お金に困ることがないように「お金のなる木」を植えてほしいというのが、本書でお伝えしたかったことです。

やり方はいたって簡単です。

給料の4分の1を天引き貯金して自己資金が貯まったら、収益物件であるアパートやマンションをレバレッジを効かせて買っていくこと。これを繰り返しやるだけです。

どんなに世の中が変わっても、2500年前の古代ギリシャで始まった商売は変わらないと思います。ファイナンシャルリテラシーを身につけて、不動産投資の勉強をし、仲間やメンターを見つけて教えを請う。ひたすら貯金をして、自己資金が貯まったらレバレッジをかけて収益物件を買っていく。これを繰り返す、いたって簡単な作業です。

お金を手にした際に、「飲む、打つ、買う」にはまることなく、生活レベルさえ変えなければ、「お金のなる木」を代々伝わる事業として引き継がせていくことができます。

本書は、私の二人の息子や孫たちへの引き継ぎ書という意味も込めて書かせていただきました。不動産投資のノウハウ書は今や巷にあふれているので、そちらに譲るとして、本書が

「働かないという生き方」を実現するための道しるべになればと思って執筆しました。実際、手っ取り早く、しかも安全に「働かないという生き方」を実現するには、本書で書いたやり方しかないでしょう。

ぜひ、全国で「働かないという生き方」を実現される人が増えることを願って筆をおきたいと思います。

２０２０年10月

吉川 英一

［著者］
吉川英一（よしかわ・えいいち）
1957年生まれ。富山県在住の個人投資家。年収360万円から低位株投資で資金を貯めて、アパート経営を開始。マネー誌などで指南役として活躍中。著書に『年収360万円から資産1億3000万円を築く法』『信用・デイトレも必要なし 低位株で株倍々！』『不動産投資で資産倍々！会社バイバイ♪』『年に1度は大噴火! 2倍、3倍当たり前!! 低位株必勝ガイド』『億万長者より手取り1000万円が一番幸せ!!』『一生お金に困らない個人投資家という生き方』『低位株待ち伏せ投資』『人生、楽に稼ぎたいなら不動産屋が一番!』（いずれもダイヤモンド社）、『一生好きなことをして暮らすための「不労所得」のつくり方』（光文社新書）などがある。

オフィシャルブログ
https://a1yoshikawa.blog.fc2.com/

サラリーマンを辞めて月100万円で楽しく過ごす
働かないという生き方

2020年12月1日　第1刷発行

著　者——吉川英一
発行所——ダイヤモンド社
〒150-8409　東京都渋谷区神宮前6-12-17
https://www.diamond.co.jp/
電話／03･5778･7233（編集）　03･5778･7240（販売）
装丁————渡邉雄哉(LIKE A DESIGN)
装画————イチナガ／PIXTA(ピクスタ)
ＤＴＰ———荒川典久
製作進行——ダイヤモンド・グラフィック社
印刷————堀内印刷所(本文)・ベクトル印刷(カバー)
製本————川島製本所
編集担当——田口昌輝

ISBN 978-4-478-11239-7